[illegible]のあとさき

川北　稔

講談社学術文庫

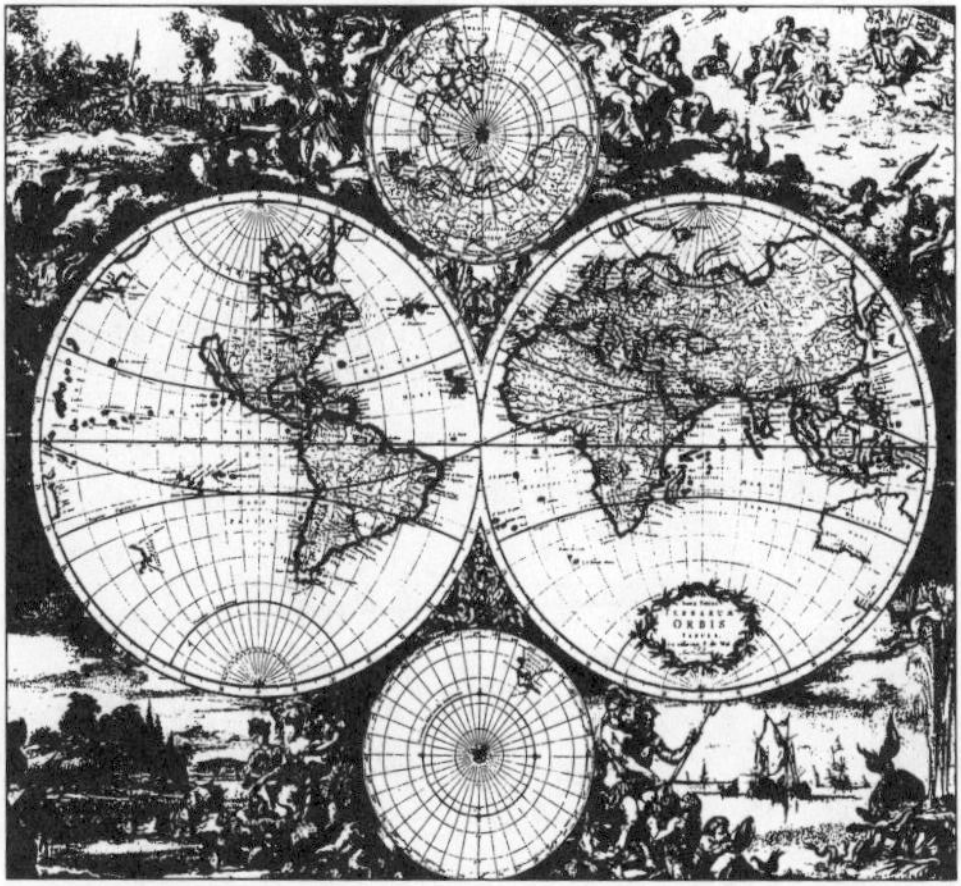

デ・ウィット世界図（1668年）。神戸市立博物館資料。

クリケットの試合。1880年9月18日に行われたオーストラリア対イングランド戦のスケッチ。*The Illustrated London News.*

テニスのトーナメントのスケッチ。1888年、イーストボーンで開かれた南イングランド・ローン・テニス大会。同上。

ロンドン―バーミンガム鉄道の車輛図（ラディオ・タイムズ・フルトン絵画図書館所蔵）。*The Victorian Gentleman by Michael Brander.*

旧シェイクスピア・グローブ座のイラスト。現在、インタナショナル・シェイクスピア・グローブ・センターとして再建されている。上は同センターのマーク。同センターの案内資料より。

講談社学術文庫版への序

本書の原型は、一九九五年に刊行された。以来、二〇年近い歳月が流れた。十年一昔とすれば、「ふた昔」もまえのことである。学術文庫の一冊として再上梓するにあたっては、抜本的な改稿をも考えたが、結局、ごくマイナーな手直しをのぞいて、ほとんど手を加えない方式を選んだ。東日本大震災や「フクシマ」はもとより、リーマン・ショックをも未経験の時代に、歴史学の立場からした発言がどこまで有効であったのかを、読者とともに確かめることも、おおいに意味があると思ったからである。

本書執筆中に最も気にかかっていたことは、平成大不況といわれた「失われた一〇年」が「失われた二〇年」にもなろうかという、わが国の経済状況であった。現在、巷にかまびすしい「アベノミクス」に至るまで、政治家や評論家の発言は、「こうすれば、不況から脱出できる」というたぐいのものばかりであった。しかし、歴史家の目からみれば、それが資本主義に特有の循環性の「不況」であるなら、早晩、景気上昇の局面はくる。

問題は、それが長期の歴史的な「衰退」を意味しているとしたら、どうかということであった。その意味では、二〇世紀後半、きわめて深刻な「イギリス病」を経験したイギリスこそは、格好の道標であった。

私が到達したひとつの答えは、歴史上、永遠にトップを走り続けた国はないということであり、にもかかわらず、トップでなくなった国も、いきなり低開発国に逆戻りしたりするのではない、ということであった。歴史は、それほど楽観的にも、それほど悲観的にも、見られるべきではない。極端な悲観論は間違いだが、政治家が振りまく「特効薬」や極端な楽観論もまた、眉につばすべきものである。

歴史学という営みは、たんに過去の思い出を温めることではなく、未来をめざす未来学であるというのが、年来の私の主張である。イギリス近代史を専攻して三〇年程度の頃に書いたこのエッセイ集が、いまもそれほど色あせていないと感じていただけるようなら、歴史学にはなお、それなりの未来があるということだと思う。

本書のベースとなっている思考の枠組みのひとつは、いわゆる世界システム論である。

原著出版以後、世界システム論に刺激を受けた歴史研究が、国の内外で数多くみられるようになった。リーマン・ショック以後は、とくに金融の面でのグローバリゼイションに関心をむけた「グローバル・ヒストリー」がひろく広がっている。

しかし、そうした動きの反面、しばしば二つの点が抜け落ちつつあるようにもみえる。ひとつは、近代世界システム論が、現代世界の特徴を世界資本主義ととらえているのに対して、しばしばたんに「世界の一体化」を主張するだけで、その「一体としての世界」が何なのかに言及しない傾向が強いことである。その結果、分析ははなはだ無機的となり、社会や文化の全体像をとらえることが難しくなっている。こうなると、歴史学は未来学としての力が発揮しにくい。

いまひとつの問題は、ほんらい世界システム論が、低開発問題の歴史的説明のための道具立てであったことが、忘れられがちだということである。世界の覇権国家となるのが、アメリカの次は中国なのかどうかというような、大国興亡論的な議論は受け入れられやすいが、一面的にすぎる。本書の原型を世に問うた時代は、開発された北の世界と、なお低開発にあえぐ南の世界の関係が、劇的に変わりはじめていた時代であった。中国やインドやブラジルの世界経済における立場は、この二〇年間に激変した。他方では、この間にも、ほとんど立場の変わらないカリブ海域のような地域もある。

こうした点を頭の片隅におきながら本書を読んでいただけると、半世紀に及ぶ歴史家としての営みも無駄ではなかったことになるものと期待する。

二〇一三年一二月

川北稔

目次

イギリス　繁栄のあとさき

はじめに　不況か「衰退」か
——一九世紀末のイギリスと二〇世紀末の日本

「日本の没落か」

バブル崩壊後回復基調にあると言われていたわが国の経済は、阪神・淡路大震災などもあって、いささか挫折気味になった。短期観測をしているエコノミストなどとは違う歴史家の目から見れば、この雰囲気は、まさしく一国経済が長期的に衰えていく時のそれであるようにも見える。「バブルの崩壊」は、一時のエピソードなのか、長く続く「日本病」と「日本沈没」の始まりなのか。この本で考えてみたいのは、このような問題である。

これまでは、経済発展の秘訣を解きあかすのが経済史家の使命と見られてきたふしがある。第一にそのほうが、元気も出れば、役にも立ちそうだからである。しかし、仮りに、「バブルの崩壊」が、日本の衰退の始まりなのだとすれば、そのような環境のなかで、われわれはどのように生きていくべきなのか。今もっとも必要なのは、

「成熟期以後の経済」のあり方と、そのなかでのわれわれの生き方の問題への指針である。

「日本の現状は、ホブスンの時代のイギリスにますます似通ってきている」とは、有力なイギリス経済史家W・D・ルービンステインの言葉である。ここで言うJ・A・ホブスンとは、一九世紀と二〇世紀の境目の時代に、イギリスの南アフリカ戦争[1]（ボーア戦争）に反対し、国内経済の空洞化に警鐘を鳴らした、『帝国主義論』の著者である。ルービンステインの言葉は、一九世紀末、イギリスでは工業生産が停滞し、資本の多くが国内での工業投資より、帝国植民地をはじめ、国外に輸出されるようになった事態を指している。つまり、右の言葉は、「イギリスの没落」ならぬ「日本の没落」の始まりを語っているのである。

イギリスでも、わが国でも、これまで歴史家は「イギリス病」や「イギリスの没落」について語ってきたが、他方、時論家の多くは「日本の勃興」を当然のこととして語ってきた。今の不況もサイクリカルなものであって、かのオイル・ショックさえ乗りきれた「日本経済」は、かつてのイギリスのそれとは違って、いずれは強力に回復するものと、一般には信じられているようである。そうしたなかでのルービンステインの主張は、日本人の耳にはいささか不気味にもひびく。

「産業革命」はあったか

　しかし、歴史家としてのW・D・ルービンステインの主張は、じつはもっと積極的なものでもある。すなわち、イギリス経済の「衰退」は強調されすぎており、そうした議論はすべて、近代のイギリス経済の特質を取り違えているのだ、というのである。「世界の工場」などというキャッチ・フレーズに引きずられて、近代のイギリス経済を「工業経済」と捉えたことが、こうした誤解の根底にある。そのうえ、「鉱・工業生産」統計をもって一国の経済状態の指標とする過ちを重ねたことが、結局、「イギリスの衰退」の過大評価を引き起こした根本原因だというのである。

　実際には、イギリス経済は、工業を最大のよりどころとしたことは一度もなく、一九世紀の半ばまでは、伝統的な大地主で経済的・社会的・政治的に圧倒的な支配階級となった「ジェントルマン」階級[2]が、次いで、やはり「ジェントルマン」としての生活様式を維持し、その価値観を引き継いだシティの金融資本家と、医師や弁護士のほか、帝国各地に展開した軍人・官僚などの専門職（プロフェッション）が社会の中核となっていた、というのである。つまり、反工業的・反都市的な価値観を持つ、地主や金融資本家のような地代・金利生活者こそが、近・現代史を貫くイギリスの支配階層であった、というわけである。

事実、「工業化の世紀」であるはずの一九世紀以降について、イギリス第一級の富豪層を見ると、その生活基盤は圧倒的にロンドン、つまりシティとその周辺にあり、西北部の工業地帯にはない。新たに生まれた大富豪の家系や、新たに貴族の爵位を与えられた者を検討しても、そこに現われるのは、ひたすらシティの商人・金融資本家とプロフェッションの人びとである。

このような見方は、今ではルービンステインのみならず、多くのイギリス人歴史家の認めるところとなっている。たとえば、一九世紀末以降の社会を「プロフェッションの社会」と規定し、その国際比較を試みている者もあれば、とくに、一六八八年以降のイギリス経済を「ジェントルマン資本主義」と定義し、やはり、イギリス経済史における産業資本主義の意味をあまり評価しない立場もある。しかも、こうした論者は、急速にその支持者を増やしつつあり、こうした見解は、反対派からは、まとめて「新正統派」とさえ呼ばれている。

この議論は、「産業革命の故郷」であり、「最初の工業国家」であったはずのイギリスに、国民経済の体質を転換させるような現象としての「産業革命」は存在せず、「産業資本主義段階」などというものもなかったという結論につながるだけに、守旧的な日本の経済学者などには、なかなか受け入れがたいようである。現に、この見解を紹介した私の議論には、学界では異様な反響があった。もっとも、わが国でも政治史や生活史を中心とするイギリス近代史研究者の間では、近代史を通じてジェントルマンの支配が貫徹したことは、つとにまったくの常識となっている。

ともあれ、イギリス経済が「ジェントルマン資本主義」であるのだとすれば、その「衰退」を論じるには、金融・サービス部門、つまり、第三次産業の効率をこそ指標とすべきだ、ということになる。イギリスは第二次産業革命に失敗したのではなく、その重心がさらにいっそう第三次産業に移行しただけである。一国の経済が発展するにつれて、その重心が第一次産業から第二次、第三次産業、つまり、金融・サービス部門へとしだいに移動するという、いわゆる「ウィリアム・ペティの法則」[3]からすれば、これも当然のなりゆきであった、というわけだ。

ところが、実際、ロンドンのシティは今もなお、ニューヨーク、東京と並ぶ世界金融の中心の地位を保っているし、ヒースロー空港は、世界でもっとも利用客の多い空港のひとつである。指標を変えて見ると、イギリスは、メキシコやポルトガルの水準になったわけではないのだ。何よりも、生活水準というものが家電製品の普及度、持ち家の比率などを基準として見ることができるのだとすれば、イギリスのそれは、世界のなかで相変わらず「豊かな」部類に入るとしか言いようがない。もっとありていに言えば、要するに、イギリス人はそれほど不幸になっているわけではないのだ。W・D・ルービンステインの立場はこのようなものである。

「ジェントルマン資本主義」

もっとも、イギリス経済と「ジェントルマン」的価値観の関係は、普通これとは反対のかたちで論じられている。「生産」活動に価値を認めず、巨大な財産所得によって、上流の生活を送るジェントルマンは、アマチュアリズムをこととし、家父長的で、ウェットな――親方・子方的な――影響力を、他の人びとに及ぼした。シェイクスピアやエリザベス一世の時代以来、二〇世紀になっても、こうしたジェントルマンこそは、イギリス人にとって「期待される人間像」でありつづけたため、成功した実業家は、こぞって息子に「ジェントルマン教育」を受けさせた。

すなわち、例のパブリック・スクールからオクスフォード、ケンブリッジへ、あるいは法律家にすべく、ロンドンの四大高等法学院へというコースをたどらせ、結局、反実業的な価値観――ジェントルマンの理想――を身につけさせた。これこそが、イギリス人のあいだに「産業精神」が衰微した原因であり、「イギリスの没落」の根本原因である。実業家が尊敬され、経営学の盛んなアメリカやドイツとは、この点に違いがあるのだし、ここにこそ、イギリスの経済的没落の原因がある。これが一般的な議論なのである。[4]

実業家の息子たちが、ジェントルマンにあこがれ、親の職業をさげすむことは、すでに一七世紀初頭の東インド会社重役トマス・マンも嘆いており、まさしくイギリスの伝統的「国民病」のごとくであった。この「病」が一九世紀後半にとくに昂じたことは、批判もあるが、ほぼ通説化している。マーティン・J・ウィーナーの、邦訳もある『英国産業精神の衰退』は、このような立場をもっとも鮮明に表明したものとしてよく知られている。

しかし、ルービンステイン風に言えば、イギリス人が、つねにジェントルマン、つまり地代・金利生活者を理想としたのは、この国の経済の特質からして当然であった、と言うこともできる。とりわけそれが、「ホブスンの時代」に烈しくなったのは、一九世紀末から二〇世紀の初頭が、第三次産業および帝国植民地へいっそう重点が移った時代であった以上、必然の結果であったということにもなる。

歴史における「衰退」とは何か

イギリス近代史の理解という点では、W・D・ルービンステインやその周辺の「新正統派」の主張は、経済史のみならず文化史や社会史、とくに帝国史の分野についても、きわめて示唆に富んでいる。他方、日本経済に関する彼らの理解は、かなり辛辣なものである。一九世紀末以来のイギリス経済を「衰退」と言うのであれば、日本経済の「衰退」も必然ということになる。しかし、イギリス経済は、じつは、初めから「ジェントルマン資本主義」だったのだとすれば、イギリスの「衰退」のイメージは、よほど変わってくる。しかし、日本の「衰退」については、どう言えるのか。

戦後わが国の歴史家、とくに経済史家は、概してイギリスの「成功」や「勃興」の理由をテーマとしてきた。世界で最初に市民革命を経験し、とくに最初の産業革命を経験したと考えられていたこの国は、資本主義と議会制民主主義発展の模範とも考えられたからである。しかし、こうした見方から、今日イギリス経済史に、日本のゆくえのモデルを求めるようなことは、できるわけがない。今日なお、日本人がイギリス史研究から得るものがあるとすれば、少なくともそのひとつは、いったん成功した経済のゆくえの問題であり、もしかすると必然であるかもしれない「衰退」の中身の問題である。

「ジェントルマンの理想」を持たないわれわれには、工業生産の「衰退」を甘受しうる、どのような理念がありうるのだろうか。

1　一八九九―一九〇二年のイギリスと南アフリカのボーア人の二つの共和国（トランスヴァール、オレンジ）間の戦争。イギリス軍は大苦戦し、大英帝国没落のきっかけとなるとともに、イギリス兵士の体格が劣悪であることへの反省から、国内の社会改革の必要性が指摘されたりもした。

2　「ジェントルマン」の支配は、一六世紀以来のイギリス近代社会を一貫していたと考えられるが、一六―一八世紀では、彼らは、全人口の五パーセント程度を占めた。金儲けのための仕事を持たず、巨大な資産、とくに土地財産の運用による「不労所得」によって、教養や趣味を含む特有の生活様式を維持している人びとのことである。せいぜい数百家族しかいない「貴族」と数万家族からなる「平民」の「ジェントリ」からなる。前者は今日でも貴族院を構成しており、歴史的には、庶民院議員は、事実上、後者のなかから選ばれてきた。つまり、イギリスの国政は、ジェントルマン階級によって、ほぼ独占されてきたのである。中世の騎士以上の家系の子孫という意識もあり、楯形の家紋の使用が公認されている。

3　W・ペティは、一七世紀のイギリスで、クロムウェルによるアイルランド征服に参加して占領地の測量に辣腕をふるい、後の大貴族ランズダウン侯爵家を興した。とくに『アイァランドの政治的解剖』や『政治算術』などによって、政治算術という、近世イギリスに独特の経済社会分析の手法をも確立した。政治算術は、今日の国民所得分析の先駆とも考えられるが、マルクス主義経済学の立場からは、労働価値説の先駆とも見られている。

4　パブリック・スクールやオクス・ブリッジ両大学で行なわれた教育は、徹底的に支配階層としての「ジェントルマン」の育成をめざしており、ギリシア語やラテン語などの教養が重視された。卒業生は、政治家・外交官、聖職者、将校、教職者などをめざし、一九世紀には、植民地官僚も彼らにとって、とくに望ましい職種となったというのが、通説である。

THE ILLUSTRATED LONDON NEWS,

REGISTERED AT THE GENERAL POST OFFICE AS A NEWSPAPER.

No. 3037.— VOL. CXI. SATURDAY, JULY 3, 1897. ONE SHILLING

19世紀の『ジ・イラストレーテッド・ロンドン・ニュース』の第一面。ヴィクトリア女王がダイアモンド・ジュビリー（女王即位60年祭）に、セントポール寺院に到着した場面を伝える（1897年）。*The Illustrated London News.*

第1章　近代世界システムのなかのイギリス

1　オランダからイギリスへ
――「世界経済」のヘゲモニーはどのように移動するか

ポスト・アメリカ時代としての現代

まず手始めに、現代の世界を動かしているのは誰かということから、考えてみよう。一昔前なら、文句なしに「アメリカ」という答えが返ってきただろうし、今も世界が、いちおうアメリカを中心に回っていることは事実であろう。しかし、湾岸戦争ひとつをとっても、もはや現状のアメリカには、他国からの経済的支援なしには、世界秩序を単独で維持するような力はないように見える。

このような意味で、世界の現状が、アメリカのヘゲモニーの消滅過程にあることには、おおかた異論はあるまい。社会主義体制の崩壊によって、見かけ上は、「アメリカの平和」が復活したように見える部分もあるが、歴史の底流が、今も「ポスト・アメリカ」の時代に向かいつつあることを否定する人はいないだろう。このようなトレンドは、直接的には、ヴェトナム戦争をきっかけとして生まれてきたものである点でも、あまり意見の食違いはない。

しかし、「ポスト・アメリカ」の世界がどのようなものになるか、また、そのなかで、アメリカの役割はどうなっていくのか、ということになると、およそ明確な見解を提出している人はいない。とすれば、過去に存在したヘゲモニー国家はどのように消滅し、どのようにして、次のヘゲモニーが成立していったのかを検討してみることにも、それなりの意味があろう。

近代史上、本当にヘゲモニー国家と言えるものは、一七世紀中頃のオランダと一九世紀中期のイギリス、第二次大戦後、二〇ないし三〇年間のアメリカだけであったというのが、近代の世界史を一体のものとして見ようとする、「世界システム」論[1]の主唱者イマニュエル・ウォーラーステインの見解である。彼の見解は、近代史を見る新しい眼差しとして、その結果、また現代世界の状況を見る方法として、いまや社会科学のあらゆる側面に強烈な影響を与えつつある。さしあたり、ここでは、彼の見解を参考にしつつ、一七、一八世紀における、オランダからイギリスへのヘゲモニーの移行を見ることにしよう。

イギリスはなぜフランスに連勝したか

一七、一八世紀のヨーロッパでは、イギリスとフランスが世界商業の主導権を争って、断続的に戦争を展開した。いわば、その終点に「イギリスのヘゲモニー」があったということができる。時に、第二次百年戦争とも呼ばれるこれらの抗争は、最終的には、次の世紀に入ってナポレオンが失脚することで決着するが、一七、一八世紀中期の七年戦争で一応の結論は出ていた。歴史の教科書が、一七六三年のパリ条約をもってイギリス第一（重商主義）帝国の完成としているのは、このためである。しかも、ここまでの戦争は、なぜかことごとくイギリス側の勝利となって終わっている。

マルクス理論への信奉の強かった「戦後史学」においては、この事実すら両国の毛織物工業の「生産力」や、さらにその前提としての「生産関係」の差から説明する傾向が見られた。しかし、もとより、このような古い時代の戦争の帰趨を、いかに基軸的とはいえ、特定の工業部門の生産力の差に求めるのは、いかにも非現実的である。軍事技術などの点でも、イギリスがとくに優れていたわけでもない。連戦連勝のイギリス側でさえ、兵士の多くはプレス・ギャングと呼ばれた合法的誘拐団によってさらわれてきた人びとであり、毎年、海軍兵士の三〇パーセントが逃亡するという状況であったから、兵士の士気に大きな差があったとも思えない。ちなみに、一八世紀のイギリスの港町でもっとも恐れられたのは、このプレス・ギャングであった。プレス・ギャングは、船員のみならず、商船や漁船をも強制的に徴発したので、民間の貿易業者や漁民との間に深刻な対立が生じた。

このような事実からして、実際に戦争の帰趨を決めた大きな要素は、早急に大量の戦費を確保できるかどうか、にかかっていたと思われる。当時の戦闘のかなりの部分が、雇い兵によって担われたことからすれば、なおさらである。この点で、一七世紀末に、東インド会社や南海会社とならぶ国債の引き受け機関として、イングランド銀行を設立し、戦時国債を容易に発行しえたイギリスは、圧倒的に優位に立ったのである。経済史上、「イギリス財政革命」として知られている現象である。

ちなみに、ここに言う南海会社は、南米との奴隷貿易を行なおうとして設立されながら、その株式が投機の対象となり、一七二〇年に「南海泡沫事件《サウスシー・バブル》」を起こして、今日流行の「バブル」という言葉の起源となった会社である。当時は、この南海会社株を軸に、無数の株式が発行され、しかもそれらがことごとく投機対象となって、ロンドンを中心にイギリス全体が騒然とした状態になったが、結局、ガラ（急激かつ全面的な大暴落）が引き起こされた。南海会社の重役たちは、議会の査問を受けたが、資産を妻名義にするなどの方法で追及をかわした。事件に懲りたイギリス議会は、「泡沫禁止（株式会社禁止）法」を制定したほどであった。しかし、問題の南海会社自体は、貿易活動はまったくできなくなったが、その後も、金融会社として長らく存続した。

こうして、イギリスが、高い授業料を支払いつつも、「財政革命」に成功していったのに対して、イギリス人ジョン・ローが、フランスで行なった同様の試みが失敗に終わったことも、よく知られている。[2]

それにしても、イギリス政府が大量に発行し、その処理が一八世紀を通じて、政治のもっともホットな争点、最重要課題となったこれらの国債は、いったい誰が買ったのだろうか。当時の党派で言えば、王権の制約を望むウィッグ系の人物が多かった大地主層やロンドン商人、内科の医師や弁護士のようなプロフェッション（専門職）の人びと、植民地、とくにカリブ海の砂糖プランテーションの不在プランターなどが、ここに顔を見せる。つまり、地域で言えば、圧倒的にロンドン派が、「イギリス財政革命」の背後にいたのである。

証券ジェントルマン

こうした国債を大量に買った人びとは、いわば土地以外の資産運用によって巨額の「財産（不労）所得」を得ることになり、やがて地主ではない、新型のジェントルマン（金利生活者）の典型となっていった。この頃、ようやく譲渡可能となって、その市場が成立した抵当証書についても、似たようなことが言える。さらに、近代のイギリス経済が一貫して、「ジェントルマン的」であったとする「ジェントルマン資本主義」論の論者によれば、後の一九世紀半ば以降には、地主に代わって、こうした証券ジェントルマンこそが、イギリス資本主義の担い手となっていくのである。

一八世紀の中頃までの段階では、彼らの数はそれほどでもなかったし、とくに初期には、国債を買うことができず、逆に国債利子の支払いのために、高率の地租を課されて没落の道をたどりはじめていたトーリ派中・小地主から、激しい批判をも浴びていた。したがって、貿易商人やアイルランドの不在地主、カリブ海に奴隷制砂糖プランテーションを維持した不在プランターなどのほうが、地主のパートナーとしても意味が大きかったのだが、いずれにせよ、産業資本家、つまり毛織物などの製造業者が国債を買った例は、ほとんどない。毛織物工業の「生産力」などというものは、イギリスの戦争努力とは、直接的には結びついていないのである。

しかし、国債の購入者はイギリス人には限られない。一七五〇年のデータで言えば、およそ一五パーセントの国債が外国人の手中にあり、そのうち七八パーセントがオランダ人のものであった。外国人はイギリス人をダミーとして買っているケースも多いため、実情はこれよりかなり多いとも思われる。この時期、まさしく「世界経済」のヘゲモニーを失いつつあったオランダは、世界商業に投じられていた資金がだぶつき、利子率は低下して、安全有利な投資先を求めていた。一九世紀イギリス経済史の研究者で、先にも登場願ったW・D・ルービンステイン風に言えば、一八世紀のオランダは、まさに「ホブスンの時代のイギリス」、つまり「(一九世紀の)世紀末のイギリス」だったのである。

それにしても、一八世紀の少なくとも一七七〇年代までは、余剰資金の溢れるアムステルダムは、世界の圧倒的な金融センターであったことがわかっている。アムステルダムの資金が導入できるか否かが、他の諸国の命運を決めた、と言われるのも当然である。

アムステルダムの繁栄が、ようやくロンドンに奪われるのは、七〇年代に西インド諸島関係から始まった金融危機によってでしかなかった。

ところで、ヘゲモニーには、農業と鉱工業の生産、商業、金融の三つの次元が区別でき、それらすべての次元で圧倒的優位を確立した状態が、本当のヘゲモニー国家だと言われている。しかも、それぞれの優位は、この順に成立し、この順に崩れていく。つまり、生産や世界商業では、もはやイギリスやフランスに抜かれたオランダでも、金融面での優位は遅くまで残ったのである。このことは、イギリスのケースについても、アメリカのケースについても、容易に証明できる。いかに衰えたと言っても、なお世界の金融がアメリカ・ドルを基軸として動いていることは、否定できないからである。

とすれば、フランスも、同様にオランダ資金の恩恵に浴したのであろうか。否である。アムステルダムの有力市民の財産相続に関する資料によれば、彼らが国外に投じている資産のほとんどはイギリスに向かっており、フランスにはまったく流れていない。イギリス政府・議会とフランス王室の国際的信用の差がここに表われていようし、プロテスタントとしての宗教上の理由からも、カトリックのフランスへの投資は困難であっただろう[3]。

そのつもりで、一八世紀のアムステルダム金融市場のデータを見ると、この地で資金を借りた政府は圧倒的にイギリスであり、ほかには、スペインやプロイセンなどが少し顔を出す程度である。フランスが途切れとぎれに現われるのは、ようやく一七七〇年前後のことである。この頃には、ドイツの中・小領邦をはじめ、ロシア、ポーランドなど、ヨーロッパ中の弱小国が、ここで資金調達にあたるようになっており、自己資金で運用できるようになったイギリスは、かえって後退している。

一七世紀のヘゲモニー国家オランダは、一八世紀には、なお残る金融面での優位を利用した金利生活者（ランチエ）国家となった。イギリスとフランスは、この世紀に覇権を争ったものの、結局、「オランダ資金」を引きつけたイギリスが、ほとんどすべての戦争を制する結果となった。一九世紀の「パクス・ブリタニカ（イギリスの平和）」、つまり「イギリスのヘゲモニー」は、こうして生まれたのである。

世界で最初の産業革命に成功したイギリスが、その力で帝国を造った、というような古いイメージにとらわれていると、ここでの議論は理解できない。イギリスは成功したから帝国になったのではなく、帝国になったから成功したのである。このことをここで詳しく説明する余裕はないが、このように信じざるをえない貿易上の確実なデータがあることだけは指摘しておきたい。

そうだとすれば、イギリスはどうして帝国の形成に成功したのか。イギリスは、まさしく先のヘゲモニー国家オランダとの間に友好的な関係を維持しえたことによって、その資金を利用することができ、そのヘゲモニーを確立できたという結論を、当面、私は避けることができない。

時代背景は違うが、この結論は、いまやヘゲモニーを喪失したとも見られるアメリカに対するわれわれの姿勢を決めるのにも、多少のヒントを与えるかもしれない。

2　砂糖入り紅茶と産業革命——ヘゲモニー国家の反食糧安保論

食糧帝国主義

一九九三年のコメの凶作に伴う一連の騒動ほど、日本の文化や経済の特質を白日のもとにさらした出来事は少ない。世界的に見れば、あまりにも高い牛肉やコメが、日本の食糧政策のアキレス腱と言われて久しいが、騒動の過程でも明らかになった、消費者の「国産米」への異様な執着ぶりからすれば、「食糧安保論」などというものも、過保護に慣れた生産者の、勝手な言い分とばかりは言いきれないようにも見える。

しかし、歴史上、「世界経済」のヘゲモニーを握った国で、食糧を自給したと言えるのは、アメリカ以外にはないことも、事実である。それ以前のヘゲモニー国家は、徹底した自由貿易を前提として、食糧の大半を輸入に頼るのが普通であった。「世界システム」論者として知られるイマニュエル・ウォーラーステインによれば、近代史上、ヘゲモニー国家と言えるのは、アメリカを別にすれば、一七世紀のオランダと一九世紀のイギリスである。しかし、圧倒的に高い自国の経済効率を背景に徹底した自由貿易を主張した、国際法の父グロティウスを生んだ一七世紀のオランダも、大英帝国を形成し、「パクス・ブリタニカ（イギリスの平和）」を謳歌した一九世紀のイギリスもまた、食糧は輸入に依存した。

オランダの場合も、一七世紀を「オランダ農業の黄金時代」と見る見方もあり、農業はむしろ盛んであったが、その基本性格が、野菜や花などの換金作物を中心とする近郊農業となったために、穀物は、その多くをバルト海域やイギリスからの輸入に頼ったのである。一八世紀以降のイギリス帝国主義の本質にしても、食糧を外部に求める「食糧帝国主義」であった可能性も否定できない。インドに拠点を得たイギリスが中国に進出した原因は、言うまでもなく茶にあったわけで、製品市場を求めた帝国主義などというのは、もともとの動機に関するかぎり、一種の妄想と言うほかない。むしろ、一八世紀であれば、茶は、なお高価なステイタス・シンボルのひとつであったから、このことを理由に、イギリスの極東への進出がジェントルマン資本主義の特性を表わしている、と論じる者もある。

高い穀物価格への反発

一九世紀前半と言えば、教科書的には、イギリスが「世界で最初の産業革命」をほぼ完成しつつあった時代ということになる。しかし、この時代はまた、いまやヘゲモニーを確立しつつあったこの国の食糧政策が、大転換を遂げつつあった時代でもあった。というより、イギリス人の食生活そのものが、根本的に変わりつつあった時代でもある。

こうした変化が、工業化や都市化に伴う社会構造の変化を、どこまで反映していたかは、多少とも議論のあるところだが、とにかく穀物に関する世論は、この時代に生産者保護のそれから、都市労働者を主体とする消費者保護へと急速に傾いていった。この転換が、賃金コストの抑制を望む工場経営者などの利害とも一致したことは言うまでもない。穀物輸入を制限し、国内の穀物価格を、国際的に見れば異常とも言える高い水準に維持していた穀物法の存廃が、当面、緊急の問題となった。一八三七年に成立した反穀物法協会——後に反穀物法同盟と改称され、マンチェスターの製造業者の利害を代弁して、穀物市場の開放を提唱したリチャード・コブデンやジョン・ブライトが活躍する——は、その象徴的存在であった。

もっとも、イギリスが穀物法のような、輸入制限政策を採るようになったのは、それほど古いことではない。それどころか、七〇ないし八〇年さかのぼって、工業化の始まる一八世紀の中頃を見ると、イギリスは穀物の大輸出国であり、その輸出額は国産品の輸出総額の一割以上にも達していた。それでもなお、一七世紀後半以来、地主ジェントルマンの一元的支配が貫徹するようになっていたために、当時、この国では、穀物に輸出奨励金がつけられ、生産者が保護されていたのである。一七世紀の後半から始まったこのような政策は、やがて一九世紀初めの穀物法[4]につながっていくものであるが、ここには、まさしく地主としてのジェントルマンの利害が露骨に反映されており、「ジェントルマン資本主義」と呼ぶしかない状況がある。

しかし、さらに一世紀さかのぼって、一七世紀中葉以前、絶対王政の穀物貿易政策となれば、状況はまた違っており、輸入促進・輸出制限の消費者保護政策が採られていた。資本の論理（「ポリティカル・エコノミー」）とは対立しがちな民衆の論理[5]（近年の歴史学では、「モラル・エコノミー」と呼ぶ）からすれば、それこそがまさしく

「正義」であったのだろう。

こうして、一九世紀前半、国際価格よりはるかに高い国内の穀物価格を維持し、労働コストを吊り上げている穀物法という悪法を廃止し、「安上がりの食事」を確保しようという反穀物法協会の運動は、いわば、穀物政策の絶対王政時代への先祖帰りを意味するものでもあった。しかも、結局、この運動は成功を収め、地主、生産者のよりどころであった穀物法は、一八四六年に廃止された。イギリス資本主義は相変わらず「ジェントルマン資本主義」であったとしても、そのジェントルマンの中核は、穀物生産にかかわる地主というより、その消費者であるロンドンのシティやプロフェッションの（専門職）の人びとに転化していたことが、この変化の背景にあることは間違いない。

ともあれ、イギリスの輸入食品への依存度は、このあと急速に高まり、ついには、有業人口に占める農民の比率は数パーセントというところまで低下してしまう。農業の消滅という意味では、歴史上イギリスほど徹底した国は少ないとも言えるのである。

ただし、さすがに二〇世紀後半になると、このような農業の崩壊こそが、「イギリスの没落」の重要な原因だとする「食糧安保」論的な見解も、有力な経済史家M・M・ポスタンなどによって唱えられ、近年のイギリスは、逆に穀物のみに関するかぎり、ほぼ自給が可能な状況に戻っている。もしかすると、「非可逆的」と信じられてきた「工業化」は、じつは「農業化」へと逆転可能な現象だったのだろうか。いずれにせよ、穀物自給化はイギリスの「工業衰退」の結果である可能性もあり、なおなりゆきを見つめる必要もあろう。

「朝食を免税に」——産業革命を支えた砂糖と奴隷制

私自身、歴史の研究者として駆け出しの頃であったが、イギリスの工業化にとって、カリブ海の奴隷制砂糖プランテーションが大きな役割を果たしたとする一論をものしたことがある。こんなことは、今は教科書的常識となっている見方なのだが、「紅茶や砂糖のごとき嗜好品に何の意味があるか」と、当時の西洋経済史の大御所からは酷評された。小麦やそれを生産する西洋の農民の問題は重要だが、カリブ海で奴隷の作る砂糖やアジアの貧農が摘んだ茶などは歴史にとって周辺的で、無意味だというわけだ。ここには、「主食」であるコメさえあれば、人は生きられるという日本人の伝統的なコメ信仰を、「主食」・「副食」という概念のない、西洋社会の小麦に置き換えてしまうという「戦後史学」特有の乱暴さが見えるばかりか、西洋の農民は資本主義の発展に寄与したが、カリブ海の奴隷労働には大して意味がないという剝き出しの西ヨーロッパ中心史観の弊害をも、指摘することができる。実際には、マンチェスターの綿織物工場の労働者も、セイロン（スリランカ）やインドに展開した茶のプランテーションのアジア人農民も、「世界システム」としての近代資本主義の発展には、ひとしく寄与したはずなのだ。

しかし、それ以上に重要なことには、工業化と都市化の進行にともなって、イギリス民衆のなかに都市生活を送る者が増え、彼らの食生活が一変したという事実がある。そこで主役をなしたのは、研究者が「ティー・コンプレックス」と総称している、茶と砂糖を中心としたワン・セットの食品群である。バック・トゥ・バック・ハウスの名で知られる背中合わせの都市労働者の住宅には、トイレもなければ、台所というほどのものがあったわけでもない。彼らには、自前のパンを焼くカマドはおろか、安上がりな燃料も得られなかったのである。石炭は、金に困った都市労働者が、最後に頼る質草でさえあった。したがって、彼ら都市労働者にとっては、カサカサしたパンを店頭で買い、これを流しこむために、「ティー・コンプレックス」は不可欠であった。

工場制度はまた、労働者の家族構成員のほとんどが、家庭外で雇用されることを意味した。そうなると、長時間かけて朝食を用意することは不可能となった。カフェイ

ヴィクトリア・コーヒー・パレス（1881年）。*The Illustrated London News*；*Social History of Victorian Britain, by Christopher Hibbert,* 1974.

ンを含む紅茶と高カロリーの砂糖・ジャム・糖蜜——高級イメージの強い蜂蜜を模した、もっとも初期の典型的「代用食品」——の組合せは、工業化時代の厳しい労働規律を守らせるにも、最適の朝食となった。冷たいパンを、一瞬にして「温かい食事」に変え、朝から労働意欲をかきたてる砂糖入り紅茶がなければ、イギリスの工業化や都市化は、困難だったかもしれないのである。週末は飲んだくれて、二日酔いの月曜日は仕事をしないという、伝統的な職人たちの「セント・マンデイ」（聖月曜日）の習慣の打破こそは、初期の経営者たちの一大関心事であったが、イギリスでそれが比較的早くに消滅したのは、「ティー・コンプレックス」のゆえであったと言えよう。

当時、イギリスではやはり、マンチェスター派に導かれた消費者勢力が、茶の関税を引き下げ、東インド会社の貿易独占を廃止することで茶の価格の引下げを図っていた。それればかりか、国際価格よりはるかに高い国内の砂糖価格を支えていた、議会の「西インド諸島派」すなわちプランター勢力を打倒するために、プランテーションの力のもととなっている奴隷制度を廃止し、砂糖関税の引下げを図る運動が展開された。

「朝食を免税に」というのが、こうした運動のスローガンであったが、先にあげた穀物法の廃止は、こうした一連の動向の一部であるにすぎなかったのである。イギリスの近代史はまさしく「帝国」の歴史として展開したのである。一九七五年頃の調査でも、イギリス人は一人当たりの砂糖消費量では世界のトップにあり、年間およそ五〇キロ以上を記録している。イギリス人のカロリー源の二割近くは砂糖である。

こうして見ると、味噌汁と茶漬けの朝食から、パンとコーヒーのそれへの「朝食革命」がとっくに完了しているわが国の食糧政策は、結局、自由化以外にはないはずなのである。

3　世界システムのゆくえ――移動する中核と周辺

近代経済史の転回

「世界はひとつ」だ、と言う。誰でも簡単に口にするお題目のようなものである。ニューヨークの株や為替の相場が、たちまち日本の地方の企業や個人の生活にさえ影響する時代であってみれば、ことは自明のようにも見える。しかし、そのことをまじめに考えると、近代の経済史は、かつて説かれたようなものではありえないことになる。このことに、研究者が気づきはじめたのは比較的近年のことでしかない。「近代世界システム」論として知られている見方が、それである。

「近代世界システム」論とは何か

コロンブス以降の世界が、とりあえずは西ヨーロッパを中心として、ひとつの壮大な分業体制、すなわち「世界システム」をなし、この単一の巨大な有機体が残りの世界をつぎつぎと飲み込み、成長していく姿こそが近代の世界史である、と考えるのが「世界システム」論の骨子である。

「世界システム」の内部は、「中核」をなす地域と、この中核に従属する「周辺」地域（さらに論者によっては、その中間に半従属的な地域を設定する）といった構造を持っており、「周辺」は、「中核」のための食糧・原材料・エネルギー源などを提供する。しかも、二つの地域間の交換は、いわゆる「不等価交換」になっていることが多く、労働の成果（マルクス風に剰余価値と言ってもよい）が「中核」に集中する仕組みになっている。

一六世紀に成立したばかりの「近代世界システム」は、西ヨーロッパを「中核」とし、東ヨーロッパとカリブ海やラテンアメリカを「周辺」としていた。すなわち、エルベ川以東の東ヨーロッパ、現在の東部ドイツやポーランドでは、見たところ、農奴制度の形態をとる農業経営が増えて、その生産物が西ヨーロッパに輸出された。穀物と造船資財など工業用原料がその輸出品である。また、ラテンアメリカからは、貨幣素材としての銀や、近世の戦略的世界商品であった砂糖が、奴隷制度その他の「強制労働」によって大量生産されて、西ヨーロッパにもたらされた。こうして、「中核」地域で工業生産が進行し、「自由な賃金労働」が広がりつつあったとき、周辺地域では、アフリカ人の奴隷制度や農奴制度が「復活した」かのように見える「非自由労働」が、幅をきかせることになったのである。[6]

大事なことは、この二つのタイプの労働を体現する歴史の動向が、単一の「世界システム」の表と裏の現象であって、不可分であるということである。

かつて歴史学は、東ヨーロッパやラテンアメリカのこうした状況を、イギリスをはじめとする西ヨーロッパ諸国に比べて、発展が「遅れている状態」と捉えていた。逆に、イギリスなどの西ヨーロッパは「先進国」と見なされたのである。このような見方の背後にあったのは、すべての国が、いずれはイギリスと同じ段階を経て、発展していくはずだという「一国史観」と「発展段階論」とである。

このように、世界の歴史をごく最近の産物であるにすぎない「国」を単位として眺め、それぞれの国が互いに影響し合うこともなく、まるでセパレート・コースを走る短距離競走のように競い合うようなイメージが、「一国史観」の立場である。

しかし、「世界システム」論は、この二つの大前提を厳しく拒否する。「世界はひとつ」なのであり、イギリスの工業化が手工業の発展していたインドを原綿生産地に変えていったのである。世界の各地域は、セパレート・コースを別々に走っているわけではないのだ。「イギリスは工業化したのに、インドはまだ工業化していない」のではなく、「イギリスが工業化したために」「インドは『低開発化』され」、「工業化しにくく」なったのである。[7]

「先進的」とはどういうことか

世界システム論の立場がもっとも鮮明になる問題のひとつが、イギリス産業革命であった。イギリス産業革命は、経済の飛躍的な発展をもたらし、工場制度によって労働環境と雇用関係を一変させ、イギリス社会を革命的に変容させた。それればかりか、その結果、自由主義が広がり、選挙法の改正をはじめとする「自由主義的諸改革」がなされ、議会制民主主義が展開した、というのがかつての教科書の描くイメージであった。また、産業革命によって経済力を高めたイギリスが、世界帝国を造り上げ、世界に対するヘゲモニーを確立していったとも言う。

しかし、産業革命の始点となった綿工業は、当初はカリブ海域での、次いでアメリカ大陸南部での奴隷制綿花プランテーションが成立して初めて、本格的に展開することができた。また、初期の綿製品の国外市場が、奴隷貿易そのものにあったことも知られている。リヴァプールの奴隷貿易こそが、その後背地マンチェスターの綿工業の生みの母だったのである。つまり、本国の「自由主義の時代」は、地球の裏側における奴隷貿易や奴隷制度を基盤としていたのである。

ここで重要なことは、この場合も、「イギリスが進んで」おり、「カリブ海域が遅れて」いたなどとは言えないことである。両者は、統合された単一の「世界システム」の時間を共有していたのである。つまり、同時代の、相互に密接につながった存在であったのだが、ただ、前者はシステムの「中核」にあり、後者は「周辺」にあったということである。

こうして、「世界システム」論においては「先進」と「後進」という用語は用いない。かつての歴史学では、近代初期東ヨーロッパの農業制度を「再版農奴制」と呼び、中世の遺物が復活したものとして、東ヨーロッパの「後進性」の表われとしたものである。しかし、これもまた、カリブ海の奴隷制度と同じで、それ自体、資本主義的な「近代世界システム」の一部を形成する近代の現象にほかならない。イギリスの賃金労働と比べても、「遅れている」などということはありえない。南北戦争前のアメリカ南部の奴隷制度にしても、前近代の「遺制」などではなく、まさしく一九世紀の資本主義的な「世界」を構成するその不可欠な一部だったのである。

ところで、「近代世界システム」は、グローバルな分業体制である。政治的統合体、つまり世界帝国ではない。世界帝国形成の野望は、一六世紀に神聖ローマ皇帝カール五世のそれが失敗して以来、継続的に成功した例はない。世界を政治的に統合するには、そのための軍事・官僚機構を維持する必要が生じるが、そのコストが高くつきすぎるため、財政的にペイしなくなるのである。[8] ナポレオンやヒトラーの試みも、あえて言えば、国際共産主義のそれも、ことごとく失敗した。むしろ政治的統合を求めないがゆえに、今の資本主義的「世界システム」は強靭な生命力を維持している、と言えよう。

「低開発」と「未開発」

このように歴史を構想することは、現代世界の見方を決定的に変える。たとえば、現代世界の「低開発」もまた、この観点から見直されることになる。「低開発」とは、何の投資も行なわれたことのない、「未開発」な状態のことではまったくない。

「未開発」地域、つまり、今なお「近代世界システム」に飲み込まれていない、隔絶した地域などというものはほとんど存在しない。現在のカリブ海域が「低開発」だと言うのは、かつて、そこに中核地域の資本が大量に注ぎ込まれ、「従属型」の投資、言いかえれば「低開発化」が推進されたことの結果なのである。砂糖プランテーションによるモノカルチュアと奴隷制度、奴隷解放後に黒人をなお労働力として緊縛しようとした「徒弟制度」や、アジア人契約労働者の導入こそが、今日のカリブ海域の社会を生み出したのである。

したがって、「中核」地域の「経済発展」は、つねに「周辺」地域の「低開発化」と、一枚のコインの裏と表の関係にあったのである。

後に「中核」の位置に到達する地域は、むしろニューイングランドや鎖国日本のように、世界システムから比較的外れていた地域であることが多い。「中核」の資本が大量に投下されて、「低開発化」されることがなかったからである。ニューイングランドとカリブ海域との対比については、いずれ後に触れる。

鎖国日本のように、世界システムへの吸収――従属的な「周辺」としての吸収――に抵抗して、「隠遁」をめざした例としては、スターリンの「鉄のカーテン」なども挙げることができる。今日では、社会主義の試みは失敗であったと言えるが、ロシア革命に続く数十年のソ連経済がそれなりに成果を上げたことも、事実であろう。

歴史的に見れば、ソ連経済にとって根本的な問題は、社会主義政権の成立にもかかわらず、経済の側面では、資本主義的「世界システム」、つまり欧米を中心とする分業体制から、完全に自立することができなかった点にあったと言うべきである。

東アジアの台頭をどう見るか

東アジア経済が台頭している。ほんの少し前まで、マルクス主義の「アジア的生産様式論」に頼って、アジアは絶対的に停滞しているなどと言ってきた日本の歴史学界にとっては、この現象の説明は容易ではない。したがって、さっそく「儒教資本主義」などという思いつきの時論も現われた。この議論は、かつての「西欧の勃興」を説明するために「プロテスタンティズムの倫理」を持ち出したマクス・ウェーバーの学説の物真似だが、ウェーバー学説そのものが支持できなくなっている今では、論外というほかない。そもそもこのような説明は、「禁欲と勤勉」を守れば、すべての国が開発され、「先進国」になれるという着想を前提とする「一国史観」と「発展段階論」の立場に固執するものである。

「近代世界システム」論では、世界全体が「先進国」になることは、ありえない。なぜなら、一方での開発は、他方での低開発を引き起こすことが多いからである。この観点からすれば、今日注目されている東アジア経済の台頭も、せいぜい「中核地域の地理的移動」でしかないことになる。世界システムそのものの構造は、本質的に変化していないのである。アメリカが相対的に衰退し、世界システムを絶対的に支配する「ヘゲモニー国家」がなくなったために、「中核」に相当する地域が東アジアにまで広がっている、と見るのが正しいかもしれない。

4　世界システムの表裏——低開発の起源

ポスト・アメリカのゆくえ

アメリカのヘゲモニーが衰退しつつあることは明白な事実として、それでは「ポスト・アメリカ」の世界はどこへ行くのか。

この問題については、当面、三つくらいのレヴェルの考え方がある。アメリカに代わってどこかの国が、世界システムのヘゲモニーを握るだろうという見方がひとつ。これに対して、一八世紀末から欧米で起こった産業革命に対比できるような現象がどこかで起こり、その地域が欧米に代わって「勃興」するだろうという見方がいまひとつの立場である。第三には、一六世紀以来の近代世界の構造そのものが壊れてしまい、われわれのまったく知らない世界に移行するという見方がある。つまり、世界システムのヘゲモニー国の交代だけがあるのか、中核地域全体が、たとえば欧米から東アジアに移動するのか、システム全体が崩壊するのか、ということである。

世界の現状が、資源や環境の問題を中心に、地球規模の閉塞状況となっていることを考えると、単純にアメリカに代わるヘゲモニー国家探しをしたり、「アジアの勃興」を説くだけでは、はなはだ不十分と言わなければならない。自己の「開発」を進めつづける中核地域が、アメリカのままであるにしろ、アジアになるにしろ、「周辺」地域を食糧・原料植民地として「低開発化」しながら展開するという、「近代世界システム」の構造そのものが、存続しつづけることが不可能になりつつある可能性がきわめて高いのである。

近代世界史とは新世界開発ブーム

コロンブスとヴァスコ・ダ・ガマ以来の近代世界史とは、要するに、ヨーロッパによる南北アメリカの開発に伴う超長期のブームだったのだ、という思い切った主張をしたのは、テキサス大学のウォルター・P・ウェッブであった。言うまでもなく、この主張は、アメリカ史研究の上で著名なフレデリック・J・ターナーの「フロンティア学説」を、近代の世界史に拡大適用したものである。「フロンティア学説」というのは、アメリカ合衆国の経済発展や、アメリカ人の国民性（つまり、「フロンティア精神」）の形成に、フロンティア、つまり西部の開拓地帯が決定的な役割を果たしたという見解であり、アメリカ史研究の古典的な立場のひとつであった。

ところで、ウェッブによれば、近世初期のちっぽけな西ヨーロッパが、自己の何倍にも及ぶ南北アメリカの土地や資源を開発していくには、何世紀もの時日が必要であった。この広大な土地に、初めは西ヨーロッパからの、ついで東および南ヨーロッパからの膨大な移民や、一〇〇〇万人以上のアフリカ人の強制移民（つまり奴隷貿易）、さらには中国とインド、日本などアジア系の契約労働者移民などを、それこそ大量に注ぎ込んで、西ヨーロッパは、その開発を進めていったのである。

このように見れば、産業革命などというものも、この大事業のための一手段にすぎなかったことになる。鉄道であれ、蒸気船であれ、産業革命の生み出した技術革新は、他のいかなる土地においてよりも、土地をはじめとする資源に当面制約のなかった「新世界」においてこそ、決定的な意味を持っていた、と言えるからである。

ターナーの見た北アメリカのフロンティアは、一八九〇年前後に消滅したと言われる。こうして、アメリカは、カリブ海やラテンアメリカ、フィリピンをはじめとする西太平洋に「帝国主義的」進出を開始する、とも言われている。しかし、より大局的に見ているウェッブ流の、グローバルな意味での「グレイト・フロンティア」は、いつ消滅したのか。おそらくは、一九六〇年代後半の「アメリカのヘゲモニーの衰退」が、それにあたるだろう。ヴェトナム戦争とドル危機は、その象徴であった。[9]

新世界の「開発」はラテンアメリカの「低開発化」

しかし、一六世紀の大航海時代以来の世界史を、まったく逆の立場から見た歴史家もある。トリニダード・トバゴの独立運動を指導し、その死去に至るまで数十年にわたって首相の地位にあったエリック・ウィリアムズその人である。トリニダードの貧しい郵便局員の息子として生まれたウィリアムズが、カリブ海域を専門とする歴史家となり、ナショナリズムに目覚めていくプロセスは、その自叙伝『内に向かう飢餓』に詳述されており、感銘深い。

奴隷制度とそれを前提とした砂糖プランテーションこそが、いわゆる産業革命を生み出したのだとするウィリアムズの見方は、「カリブ海学派」として、学界で強力な支持者を持っている反面、伝統的・守旧的なイギリス人のあいだでは、多少とも警戒感を持って見られてもいる。

ウィリアムズによれば、産業革命の資金源は圧倒的に奴隷貿易と砂糖プランテーションの収益から得られたという。この点については学界の定説は定まらないところがあるが、初期の原綿の供給地がカリブ海域であったことや、これも初期の綿織物の海外市場が、圧倒的にアフリカとカリブ海域、つまり奴隷貿易と奴隷制度に関連して存在したことは間違いがない。少なくともピューリタンの勤勉や禁欲から資本主義が生まれたという、ヨーロッパ中心主義の学説よりは、ウィリアムズのテーゼのほうがはるかに信憑性がある。実際、奴隷貿易と砂糖貿易の港町リヴァプールが副業的に行なった綿花輸入と綿布輸出が、マンチェスターの綿工業を発展させたのであり、その反対ではない。

しかし、大事なことは、アメリカ人のウェッブにとっては、単なる「開発」であった行為が、カリブ海の黒人世界を背景とするウィリアムズにとっては、奴隷制プランテーションの形態をとる、黒人労働力の搾取そのものと見えたという事実である。同時代のイギリス人にとって、瞠目すべき富の源泉となった砂糖や綿花のプランテーションこそは、カリブ海域を、今日にも続く「低開発化」へと導く道具立て以外の何ものでもなかったのである。

イギリス社会を見る二つの目

シャーロット・ブロンテと言えば、誰もが知っているように、もっとも「イギリス的」とも言える小説『ジェイン・エア』をものした、産業革命時代の女流作家である。そこに描かれた世界は、工業社会の出現などとはまったく無関係に、地主ジェントルマンの価値観の優越する「古きよき世界」そのものであると言われてきた。地主の家に住み込みの女家庭教師[10]となったジェインが、結局はこの地主と結ばれるハッピー・エンドの物語である。

エミリ・ブロンテの『嵐が丘』やジェイン・オースティンの『高慢と偏見』など、この時代の女流作家によって描かれた世界は、このような社会背景のもとにおいて理解すべきものである。

しかし、文学の世界でも、歴史家ウィリアムズのような人物がいなかったわけではない。カリブ海の白人家庭の出身で、第二次大戦前後に活躍したものの、デカダンな後半生を過ごした女流作家、ジーン・リースに『広い藻の海』という作品がある。『広い藻の海』とは大西洋のことであるが、それは言うまでもなく、カリブ海出身者

ブロンテ三姉妹のイラスト。三姉妹による文学作品は、作品が生まれた時代と風土を色濃く映し出しているとともに、三姉妹の生き方もその時代のイギリス女性の生き方として興味深い。イギリス国立肖像画美術館ガイドより。

に対する本国人の奥深い差別感を指し示してもいる。『ジェイン・エア』には、「狂気のため」と称して幽閉されたカリブ海出身の、地主の先妻が登場する。伝統的なイギリス社会の価値観を体現した、この小説のプロットに潜む本国人の差別意識を徹底的に暴露するために、リースはこの妻を主人公として、『広い藻の海』を書いたのである。

「開発」と「低開発化」

ジーン・リースが描いた現実は、ヨーロッパ人に「開発」と見えた事実が、従属地域の人びとの目には、搾取や「低開発化」としか見えなかったのと同じである。ますます「ひとつ」になりつつある今日、世界システムの中心部の動向を見るにも、つねに世界の反対の側からの視点を意識できる、複眼的な見方を持つことが不可欠となっているのである。

ことは、二〇世紀最後の四半世紀に明確なかたちを取りはじめた「東アジアの勃興」についても、同じである。「ヨーロッパの勃興」が、多くの他の地域を「周辺」つまり従属地域として「低開発化」しながら展開したのと同じ轍を踏むのでは、ただちに喝采というわけにもいかないのではないか。

5　カリブ海の悲劇――砂糖とタバコ

南アメリカと北アメリカ

キューバの難民がアメリカをめざし、ハイチの軍事政権へのアメリカの介入が世界の話題になったのは一九九〇年代のことだが、このような事態はどうして起こるのか。具体的な原因はいろいろとあげられようが、歴史的に言えば、その根源は、カリブ海域が低開発の状況にあるということ以外にはない。とすれば、なぜアメリカは「開発」され、カリブ海域は「低開発化」されたのか。それどころか、アメリカ合衆国の内部においてさえ、いわゆる北部と南部では、今なお、その民度に格差のあることは常識であろう。

このような一国内の格差は、イタリアをはじめ、他の国々でもよく見られることではある。わが国でも、太平洋側と日本海側、本州と他の地域など、かつてはそうした地域格差が指摘されることも少なくなかった。イギリスにおいてさえ、チョーク質の軽い土壌に恵まれ、農耕が容易であったうえ、金融業の発達したロンドンを含む東南部と、農耕が困難であったために、牧畜と副業としての手工業の展開した――したがって、産業革命のふるさととなった――マンチェスターなどの北西部との格差は、つねに指摘されている。

「タバコ貴族」と「砂糖王」

ところで、アメリカ大陸の東部におけるこのような地域差は、どこから来たのか。一七世紀から一八世紀に移る頃のこの地域を見ると、すでに、明白な違いが見える。すなわち、まず、北の方には、本国イギリスとほとんど同じ自然環境しか持たず、したがって、砂糖やタバコや銀など、「世界商品」となる珍しい商品は何も採れない、ほとんど「無価値な植民地」と見られたニューイングランドがあった。

次いで、当時、南部植民地と呼ばれた地域、すなわちヴァージニアやメリーランドがあった。この二つの植民地では、ヨーロッパからの渡航費を負担してもらう代わりに、四年ないし七年ほどの強制労働に従う白人の「年季奉公人」を主な労働力として、タバコのプランテーションが展開した。こうしたプランターの中には、「タバコ貴族」の名をほしいままにした裕福な人びとも現われた。ニューイングランドと南部植民地の決定的な違いは、「タバコ」という世界商品があったか、なかったかにかかっていることは、言うまでもない。

世界商品の存在しなかったニューイングランドには、大規模なイギリス資本は投下されず、したがって「低開発化」も進行しなかった。つまり、ニューイングランドは、いわば「未開発」であったからこそ、むしろ独自の自立的な発展の可能性が生じたのである。

これに対して、ヴァージニアには、大量のイギリス資本が投入され、タバコのモノカルチュアと外部から導入された「非自由労働」という「低開発化」の諸条件が、すっかりそろってしまったのである。

しかし、そうした諸条件は、カリブ海域では、もっと完璧にそろっていた。というのは、ここでは、近世で最大の「世界商品」となった砂糖のプランテーションが広がったからである。砂糖は、この時代の世界では、今日の石油にも似てどこででも需要のある、最高の戦略商品であった。アフリカから強制的に連行した黒人奴隷――タバコ・プランテーションも、まもなく黒人奴隷に依存するようになるが――を使い、「タバコ貴族」ならぬ「砂糖王」をつぎつぎと生み出したカリブ海域は、今日では想像することもむずかしいが、ヨーロッパ資本の圧倒的な域外投資先となっていたのである。

プランター不在化の悲劇

しかし、タバコと砂糖には決定的な違いがあった。タバコ植民地を含むアメリカ大陸の植民地人は、ひたすら課税の対象とされながら、イギリス議会には一人の代表を送ることができず、したがって、その利害は絶えず抑圧されていた。「代表なくして課税なし」が、植民地人の独立運動に向かう共通のスローガンとなったことはよく知られている。

ところが、一八世紀のイギリスで出回った、北米植民地人の書いたパンフレットによると、「カリブ海域のプランターの利害を代表する議員は、イギリス本国の議会に少なくとも四〇人はおり」、ほぼ同数の東インド会社派と並ぶ議会内の一大勢力となっていた。

この結果、イギリス領カリブ海の砂糖プランテーションは超過保護となり、国際価格からかけ離れた高価格を維持することができた。しかし、砂糖が大衆に普及し、都市労働者の朝食の中核食品となるにつれて、このような事態には批判が強まり、一九世紀前半には、東インド会社による茶の独占権とともに、砂糖関税が攻撃されるようになったのである。[11]

とすれば、砂糖植民地とタバコ植民地の、このような違いはどこから来たのか。決定的な違いは、「砂糖王」のほとんどが不在化したのに、「タバコ貴族」は在地のままであったということである。

植民地にとどまった「タバコ貴族」は、本国の政治を動かして保護を受けることができなかった結果、独立を指向するほかなくなる。

他方、カリブ海の「砂糖王」は、まずその子弟を教育のために本国に送り、多くは次いで自らも、プランテーションを代理人に任せて、灼熱のカリブ海を逃れ、イギリスに帰国してしまったのである。彼らには、現地に学校を建て、道路を建設する意欲はほとんどなかった。収益のほとんどは本国でのジェントルマン・ライクな生活に使われ、現地の社会資本の整備には向かわなかったのである。幼少にして本国に送られ、そこで地主ジェントルマンの社会の一員として育ったプランターの二世たちにとって、まだ見ぬカリブ海は、労せずしてカネの出る打出の小槌でしかなかった。イギリス本国議会に議席を占めた「カリブ海派」とは、こうした人びとにほかならなかったのである。

では、「砂糖王」は何ゆえに不在化し、「タバコ貴族」はそうしなかったのだろうか。「タバコ貴族」は、不在化しようにもできなかったというのが、正解であろう。

砂糖プランターの富に比べれば、タバコ・プランターのそれは、なお限られたものであり、プランテーションを他人に任せて、イギリスで不在地主の生活ができるほどの収入はなかったのである。タバコが砂糖より管理が困難で他人任せにできなかったとか、ヴァージニアは、ヨーロッパ人にとってカリブ海よりは住みやすかったのだといった議論もあるが、そうした見解には、あまり重要な意味はない。

しかし、プランターが在地のままにとどまるか、不在化するかによって、歴史的な結末はまったく違ったものになった。前者は、意図するとしないとにかかわらず、多少とも社会的資本の整備を進めることになるが、後者には、まったくそのような気配がないからである。

イギリス本国にごく近いアイルランドでも、一七世紀末から地主の不在化が進行すると、現地への関心が薄れ、植民地支配の悪い影響が色濃く残った。むしろ、アイルランドは、不在化のもたらす災厄がいかにはなはだしいかの、見事な実例となっているのである。

過保護の砂糖

砂糖とタバコという二種類の世界商品——のちには綿花なども——が生産できたこ

とによって、アメリカ南部とカリブ海とはイギリス資本を引きつけ、アフリカ人奴隷を労働力として、「低開発化」されていった。しかし、砂糖が圧倒的に儲かる商品であったために、プランターの不在化を許し、ひいてはより徹底した「低開発化」の道を歩むことになったのである。イギリス帝国の保護関税に守られ、国際競争力のなくなった砂糖によって、なお巨額の収入を得ていたカリブ海のイギリス人プランターたちにとっては、イギリスからの独立などということは思いも及ばないことであった。カリブ海域が「アメリカ合衆国」に加わる可能性はなかったのである。そのことが、この地域の「低開発」性をいっそう強めた。奴隷狩りの場となったアフリカもまた、ある種の「低開発化」を経験したことは言うまでもない。

キューバやハイチはイギリス領であったことはないが、キューバやハイチの問題がカリブ海域全体に共通している問題であることを考えれば、その背景に、このような世界システムの歴史的作用があったことは間違いない。

日本経済の空洞化が明白になりつつある今日、より効率的な生産の場を求めて資本が流失することは歴史の必然なのだとしても、それが相手地域の「低開発化」を引き起こすだけでは、二重の悲劇ということになろう。

6　エコロジカルな危機からの脱出――一七世紀の資源・環境問題

エリザベス一世時代のイギリス

超大国間の核戦争の危機が遠のいた今、資源・環境問題が、人類にとって最大の課題のひとつとなりつつある。地球という限られた環境の中で、他のあらゆる生物を抑えて、ヒトという生物が激増してきたこと、しかも、個々のヒトが消費するエネルギーが急速に上昇していることが、その背景にある。一人当たり国民所得の上昇という意味での「経済成長」とは、逆に言えば、この危機の深刻化の程度を示す指標でもある。

しかし、人類の歴史を見ると、資源・環境の危機は、今日初めて経験することでもない。遠く一六、一七世紀エリザベス一世時代のイギリスも、その好例であった。この危機は、一七世紀にはヨーロッパ全域に及び、歴史家によって「一七世紀の全般的危機」と呼び慣わされているが、イギリスを中心に、いくつかの方法によって、さしあたっては切り抜けられた。しかも、この危機への対応策の行きつく先に、かの産業革命があった。しかし、産業革命はまた、新たな、より深刻な資源・環境問題を引き起こすことになり、その結果が、今日われわれが直面している問題であると言えよう。

植物に依存する経済

とすれば、ことの始まりとなったエリザベス一世治下におけるイギリスの危機と、それへの対応とはどんなものであったのか。

当時の経済について、最初に知っておかなければならないことは、食糧・原料・エネルギーのすべてが、国内の植物性生産物に依存していたという事実である。すなわち、テューダー様式として知られる木造漆喰の家屋や、海洋国家として急速に需要の増してきた船舶――戦争用であれ、商業・漁業用であれ――のような建造物は、木材を基礎的な素材としていた。道具の類いに鉄が使われることも多くなりつつあったが、そうしたタイプの鉄は、木炭をもってしか造れず、その生産には膨大な量の木炭を必要とした。一六世紀のイギリスに「森林の枯渇（deforestation）」と呼ばれる現象が生じたのは、主としてこのためであった。木材は、後の鉄や石炭にも相当する基礎資財だったのである。

また、当時の国民的工業であった毛織物工業は、その原料を国内の牧羊業に依存していたから、結局は、国内の牧草に依存していたことになる。しかし、これらの事実以上に重要だったのが、交通手段、農耕の動力としての馬の存在である。蒸気機関と鉄道の時代以前には、人間の移動にも、モノの運搬にも、馬こそが決定的な動力源となっていた。[12]運河が重要な役割を果たすようになってからでも、運河に浮かべた船を曳航したのは馬であった。したがって、馬はいわば、この時代の自動車やトラックそのものだったのである。しかし、この馬もまた、イギリスの国土の表面に生える牧草に依存しており、馬一頭を育てるには、ヒト一人を養うよりはるかに広い面積の土地が不可欠であった。

したがって、当時の経済は、いかにも狭いイギリスの国土が太陽エネルギーを利用して生み出す植物性生産物に、その成長の上限を決定的に画されていたと言うべきなのである。

ヒトの激増

ところで、このような枠組みのなかで、ヒトが激増するとどんな結果が起こるだろうか。ヨーロッパ全体でもそうだったのだが、イギリスの人口は、一四、一五世紀に黒死病と百年戦争やバラ戦争のために激減していたが、一六世紀に入って急激に増勢に転じはじめていた。イギリスの人口は、おおざっぱに言って、一五〇〇年以後の一世紀半で、ほぼ二倍にはなったものと推定されている。近世としては驚異的なペースである。

しかし、増加した人口には、衣食住と雇用とが与えられなければならない。穀物生産と毛織物工業の原料生産、つまり牧羊業とが競合し、その結果、「囲い込み」運動とそれへの批判というかたちをとって、深刻な社会的・政治的亀裂を生んだ。貧民がロンドンに押し寄せ、エリザベス一世はその晩年に、失業した浮浪者を取り締まるために、悪名高い「救貧法」を制定するほかなかった。彼らに職を保証するには、毛織物工業などの成長が不可欠であったが、毛織物工業の成長のためには、市場と原料が必要であった。しかし、この二つは、いずれも容易に解決できない課題であった。海外市場の開拓には、軍艦と商船が不可欠であったから、ここでも木材資源へのプレッシャーがかかった。

もっとも、人口の増加は、それ自体、経済を活性化する意味をも持った。したがって、たしかにこの時代のイギリスでは、あり余った労働力を利用した各種の新企業が企てられ、「初期（早期）産業革命」とさえ呼ばれるような生産の拡大が見られた。

しかし、その結果は、結局、国土の植物性生産物への、いっそう強烈な圧力となった。「囲い込み」をめぐる朝野を揺るがした論戦も、「森林の枯渇」も、すべてこの事実の表われと見ることができる。

実際、この時代の物価変動を見ると、それが簡単に証明できる。すなわち、一五五〇年からの一〇〇年間をとると、地価や穀物価格が三ないし四倍になっていき、次に騰貴の激しかった工業原料（羊毛）も二倍半にはなったのに、製品としての毛織物はそれより低い率でしか騰貴せず、労働者の日当に至っては、はるかに緩やかにしか上昇しなかった。この結果、実質賃金に当たるものは、一五世紀末の三分の一以下に低下した。一七世紀前半のイギリスは、まさしく資源・エネルギー危機、別の言い方をすれば、エコロジカルな危機の真っ只中にあったと言える。

三つの対応策

危機がこのようなものであったとすれば、そこからの脱出口はどこにあったのだろうか。すぐに思いつくのは、人口増加を止めるという対応の仕方である。実際、近年革命的に発展した人口・家族史の研究成果から言えば、まさしく一七世紀中頃から、イギリス人は意識的に家族規模の調節を始めたことになっている。しかし、この方法を別にすれば、国土の狭さを補うために、ヨーロッパ外世界に植民地や貿易を拡大すること（商業革命）、同じ国土でも、単位面積当たりの収量が激増するように、農業生産性を上昇させること（農業革命）、素材・燃料を木材や馬から鉱物（鉄と石炭）へ転換することなどが、圧倒的に重要であった。

一七世紀後半以後のイギリス史は、この三つの条件がつぎつぎと実現されていった歴史である。最後の決定打となった「素材の転換」は、一八世紀にコークス製鉄法が開発された――鉱物燃料で鉄が作られるに至った――ことから始まった。さらに、一九世紀になって産業革命を通じて、石炭を熱源とする蒸気機関が馬に代位するようになると、この転換は完成した。

商業革命と帝国の形成

しかし、それ以前の一七、一八世紀の段階で、危機からの脱出に断然効果があったのは「商業革命」であった。

一六世紀後半から停滞していたイギリスの貿易は、一七世紀の中頃に、アジア、アフリカおよびアメリカ（とくに西インド諸島）との関係がいっきょに拓けた結果、半世紀ごとに三倍増という、未曾有の激増ぶりを示した。取引きされる商品構成も、砂糖やタバコや綿布といった新奇なものとなり、それがイギリス人の生活を一変させた。近代イギリスの生活文化が、こうして成立したのである。

すでに産業革命直前には、イギリスの貿易はヨーロッパ諸国よりも、非ヨーロッパ世界をベースとするようになった。工業化の産物なのではなく、大英帝国こそが産業革命の前提だったのである。大英帝国は工業化によって世界を支配したのではなく、世界システムに組み込まれることで、一六世紀以来の危機を脱出し、経済成長が可能になったのである。一国レヴェルのエコロジカルな危機は、植民地や東欧やアルゼンティンのような事実上の従属地域に、食糧や原材料を求めることで、突破されたのである。そのうえ、産業革命による素材転換は、成長の天井をさらに大幅に引き上げた。

しかし、一六世紀のイギリスが、国内の危機を世界に拡散することで切り抜けたツケは、二〇世紀の世紀末に至って、地球規模のエコロジー問題として、われわれ全員に回ってきていると言うべきであろう。

1　I・ウォーラーステインの言う「近代世界システム」は、一六世紀に西ヨーロッパを中核として成立したグローバルな分業体制のことである。「中核」となった西ヨーロッパは、自由な賃金労働を基礎として、工業生産に重点をおき、従属的な「周辺」とされたラテンアメリカや東ヨーロッパから、銀や砂糖や穀物、材木などの食糧・原材料を輸入するかたちで、世界を構造化した。「周辺」とされた地域は、食糧・原材料の生産にあたって、黒人奴隷や農奴のような、「非自由」労働力を利用せざるをえなかった。こうして、一六世紀以後の近代史は、この壮大なシステムが、ロシアやトルコ、その他のアジア、内陸アフリカなど、世界の残りの地域をつぎつぎと自己の内部に取り込んでいく過程と、その際、それぞれの地域がシステム内での地位を変化させる過程とからなっていることになる。この議論の含意はあまりにも広いので、本書でも、随所で説明する以外にない。

2　スコットランドの銀行家であったジョン・ローは、フランスの経済政策の責任者となり、王立銀行を設立したのをはじめ、ルイジアナ会社と東インド会社を統合するなど、大改革を断行した。しかし、その「ロー体制」は、投機を誘い、イギリスの「南海泡沫事件」と似た現象を引き起こして崩壊した。もっとも、最近では、紙幣の乱発と投機の誘発を軸としたローの政策は、一七世紀以来、沈滞しきっていたフランスの景気を浮揚させる意味があったとして再評価する動きもある。

3　一八世紀のイギリス史は、一六八八年の名誉革命によって確立された政治体制のもとに展開したとも言えるが、名誉革命は、オランダの支配者であったオラニエ公ウィレム（ウィリアム三世）を、イギリス王とすることによって成立したものである。

4　国内の穀物価格が一定以上にならないかぎり、穀物の輸入を認めない法令。ナポレオン戦争中の一八一五年に成立したが、コブデンやブライトなどマンチェスター派をはじめとする、都市の消費者サイドからの圧力によって一八四六年に廃止された。ここで対象とされた「穀物」には、小麦のほか、大麦、ライ麦、麦芽などさまざまな種類のものが含まれている。

5　民衆は、年貢や負担の重さそのものよりは、伝統的な基準に照らして不正義であると感じたときに、抵抗を示したというのが、近年の社会史の主な主張のひとつである。たとえば、「ポリティカル・エコノミー」にもとづく近代的土地所有権が確立したとき、山野の樹木は土地所有者のものとなったが、民衆から見れば、そこで薪を採る「入会権」は、「モラル・エコノミー」の立場からして当然の正義であった。

6　中間にあたる「半周辺」は、一六、一七世紀で言えば、スペインやポルトガル、南欧などが典型であり、「周辺」にあたるラテンアメリカと「中核」の西ヨーロッパを結ぶ「ベルト・コンベアー」の役割を果たす。労働形態としても、自由の度合いが中間的な、たとえば「折半小作制度」が一般的となる。

7　イギリスで産業革命が始まる以前のインドが、世界最大の綿布産地であったことは言うまでもない。

8　カール五世（スペイン王カルロス一世）も、そのライヴァルとなったフランス王フランソワ一世も、結局は、財政破綻のため、退位せざるをえなかった。一九世紀以後でも、ナポレオンやヒトラーの「大陸帝国」は成功しなかった。世界規模の帝国として唯一の成功例であるイギリスのそれは海洋帝国であったし、その場合も、公式の帝国とほとんど同じくらいの規模の「非公式帝国」（直接的な政治支配はないが、「自由貿易」の体裁を採りながら、事実上、ヘゲモニー下に置かれている地域）があった。政治支配、ことに陸上のそれはペイしないというのが、近代史の最大の教訓なのである。かつてのソ連や中国を「帝国」とする見解もあるが、それらはしょせん「地域帝国」に終わり、「世界帝国」とはなりえなかった。

9　一六世紀以来の世界史が、「グレイト・フロンティア」の展開による超長期のブームであったとすると、その消滅は、近代世界システムそのものの終焉を意味していることになる。「アメリカのヘゲモニーの衰退」は、かつての「イギリスの平和」の崩壊やオランダのヘゲモニーの衰退とは、本質的に違った意味を持っているだろうと思われるのは、このためである。

10　レイディ、つまりジェントルマン階級の女性は、当然、収入を目的とする仕事を持たないことが、ステイタス維持の条件となっていた。このため、同じ階級内で結婚相手に恵まれないと、自活の道がなかった。住み込み家庭教師は、こうした立場の女性に、ほとんど唯一残された「卑しくない職業」であったが、実態は「白い奴隷」とも呼ばれるほど隷属的であった。帝国の拡大で本国内に女性余りの現象が生じたうえ、ジェントルマンの結婚市場に、貿易商などの娘が進出したため、一八世紀以降、こうした女性たちの立場は、深刻を極めた。『ジェイン・エア』が、ハッピー・エンドの物語になっているのは、厳しい現実からは遠いことであったからこそ、喝采を博したのである。

11　英領植民地産の砂糖への特恵的関税は、結局、一九世紀中頃になって廃止され、外国産のものと同じ扱いになった。こうなると、フランス領カリブ海域産のものばかりか、奴隷制度の残っているブラジル産のものなどが、圧倒的に優位に立った。また、スペイン領のキューバが生産を増やしたほか、カナダの「かえで糖」なども出現、とくにヨーロッパで砂糖大根の栽培が成功したために、英領カリブ海植民地の砂糖生産は壊滅した。

12　このため、全国各地に馬の市が立ち、馬車旅行のために街道筋に成立した宿場の旅籠（イン）が、今日に至るまでイギリス農村に欠かせない風景となっている。こうしたインには、馬の飼料や蹄鉄などが確保されていた。

株式を公開する株式会社の告示風景。*The Growth of the British Economy: 1700-1850 by P. F. Speed,* 1980.

軍用被服仕立・縫製業者ベスナル・グリーンの家内工場（1863年）。貧窮と家族の多さに苦しむ様子が描かれている。*The Illustrated London News.*

第2章「ジェントルマン資本主義」の内側

7　経済合理主義の落し穴——ジェントルマンの効用

ジェントルマンの存在

経済学の用語に、「ホモ・エコノミクス」というのがある。他のことはいっさい考慮せず、完全に「経済合理主義」の立場に立って行動する「資本家」の理念型[1]である。しかし、それはしょせん理念型であるから、現実にはこのような人物は、存在しない。たいていの人物は、たとえば家族の情にほだされて、儲からないことをあえてやってしまうかもしれないし、信仰心のゆえに経済の原則をまげてしまうかもしれない。そうした生身の人間を見ていくと、イギリスで資本主義を担ったのは、ジェントルマンとしか呼びようのない人びとであって、「産業資本家」といった抽象的な、ホモ・エコノミクスではない。近年かなりの研究者が、イギリスの近・現代資本主義を「ジェントルマン資本主義」と呼んでいるひとつの理由が、ここにある。価値観の上では、彼らはあくまで「ジェントルマン」であって、剝き出しの経済合理主義者などではなかったのである。

イギリス資本主義の担い手

しかし、そうだとすれば、そのような人びとが経済運営にあたってきたイギリスは、なぜいったんは成功しえたのだろうか。

「ジェントルマン資本主義」のような考え方とは正反対の議論に、戦後の日本の歴史学界で大流行したマクス・ウェーバーの議論があった。すなわち、「プロテスタンティズムの倫理」が広がったことに、イギリスの資本主義の展開の背景を求めたマクス・ウェーバーの見方は、それが「経済合理主義」を生み出し、近代的簿記の発展などを含む「合理的経営」につながり、「時はカネ」とする時間の観念や、禁欲と勤勉という行動倫理を生んだとするものであった。つまり、ホモ・エコノミクスに近い人間類型の出現が、イギリスを資本主義に向かわせたというものであった。しかし、このような考え方は、ウェーバーの文献解釈に関する分析や、経済史の実証的研究からして、今ではほとんど支持できない。そもそも、今なお貴族制度を温存し、パブリック・スクールなどジェントルマン階級のための、特殊な教育体系をさえ維持しつづけているイギリスが、「経済合理主義」的でなどあるわけがないからである。

近世のイギリスがとりあえず成功しえた本当の理由のひとつは、これとは正反対のところにあった。すなわち、「ジェントルマン」であったイギリス社会のリーダーたちが、かならずしも経済合理主義者ではなかったからこそ、イギリスは成功しえたということである。

誰が道路を造ったのか

一例をあげよう。イギリス産業革命の基礎的な側面として、交通革命があった。鉄道以前のそれは、道路の整備、河川を改修して航行可能なようにすること、運河の開削、橋梁や港湾設備の整備、都市建設などであった。ところで、こうした活動には、小さな工場ひとつを建てることなどとは比較にならないほど、莫大な資本が必要であった。それに、法律上も、二一年間の通行料徴収が認められていたように、その資金の回収には長期間を要した。このようなリスクの多い、いわば経済性の低い投資であったが、それにはまた、あたり一円の住民の雇用を促進し、利便を高める役割があったから、その創設者には社会的威信が高まることは確実であった。だからこそ、ジェントルマンが、こうした分野で圧倒的に重要な役割を果たしたのは、当然であった。

これらの活動がすべて広大な土地を必要としたことも、地主であるジェントルマンがリーダーシップを握った理由のひとつであっただろう。国会議員のポストは、ことごとくジェントルマンによって占められていた時代のことである。彼らが自ら議員であったり、議員を友人に持っていたことも、議会による計画の承認を得るには有効であったかもしれない。ともあれ、彼らがこうした分野に投資したのは、単に経済性のゆえでなかったことは、ほぼ確実である。近隣住民の保護者をもって自ら任じたジェントルマンとしての、社会的威信の確保こそがその狙いであった。

しかし、考えてみると、これらの社会的資本の整備は、他の諸国では、国家ないしそれに近い主体によって担われた。イギリス以外の国では、大なり小なり、工業化することとイギリスに追いつくことは、政府の大きな政治目標だったからである。このことは、逆に言えば、イギリス以外の国には、道路造りに威信をかけるようなタイプの大富豪はいなかったことにもなろう。政府以外に、それを行なう者はいなかったのである。

発達した資本主義にとっては、経済合理主義が当然であったとしても、資本主義は、初めから「合理的」などであったわけではない。合理的、近代的なものは、合理的な精神から生み出されるわけでもない。ホモ・エコノミクスなら、工場は造れたかもしれないが、道路は造れなかったのである。そんなことは、今日でも常識的に見られることである。たとえば、パチンコ屋は政府や自治体が関与しなくても、自然にできるが、高速道路はそれではできない。まさしく、近世イギリスの社会的・経済的リーダーが、経済合理主義をこととしないジェントルマンだったからこそ、イギリスは自由放任をこととするような「軽い政府」の下にありながら、社会的資本を整備することができたのである。

経済について言えることは、近代科学についても言える。イギリス史上、一七世紀後半は「科学革命」期に措定されている。ニュートン力学の成立に至る過程を意識してのことである。しかし、そうした近代科学もまた、中世以来の錬金術やジェントルマンの趣味的な活動から発生したと見ることもできる。実際、近代科学の揺籃となった「王立協会」は、ロンドンのコーヒーハウスでの、科学に興味を持つジェントルマンたちの集会から派生した。

かつては合理主義的な近代社会そのものを生んだとされた「市民革命」について

も、同じことが言える。一七世紀のイギリスの二つの「革命」――ピューリタン革命と名誉革命――に関するかぎり、結局は、地主であるジェントルマンのヘゲモニーを強化したにすぎないことは、今ではほぼ常識となっている。かのフランス革命についてさえ、革命前からの支配階層の「連続説」がささやかれつつある昨今である。[2] イギリスにおける市民革命とは、地主＝ジェントルマンとせいぜい大貿易商人の連合政権を確立した事件にすぎないのである。貿易商人は、観念的には、ジェントルマン以上にジェントルマン的であったから、イギリス上流階級は「ジェントルマンの理想」によって塗り潰されていた。「ジェントルマン資本主義」とは、まさしくこうしたものである。

消費あっての生産

ところで、マクス・ウェーバーや戦後日本の歴史学が共通して持っていた、いまひとつの強烈な誤解は、生産こそが経済発展のすべてだ、という見方である。生産は善であるが、消費はどちらかと言えば悪であり、まじめな歴史研究の対象にはならない、というものである。しかし、「禁欲と勤勉」のウェーバー的ピューリタンばかりからなる経済社会では、誰が商品を買うのか。イギリスの近世史を具体的に眺めていくと、貴族を含むジェントルマンたちの消費生活のリーダーとしての役割の大きさを痛感せざるをえない。一六世紀末以来、ジェントルマンたちのあいだには、一年のうち何ヵ月かをロンドンでの社交に過ごす習慣が生まれた。イギリスの英語で、単に「ザ・シーズン」と呼ばれる慣習である。この慣習は、ロンドンの生活文化を全国に普及させ、早くから国内の消費市場の統一をもたらした。

多くの消費物資が、嘘でも「ロンドン製」と言わなければ売れないようになったのである。飲茶の風習をはじめとする「生活革命」が、ロンドンを出発点としつつ、たちまち全国に広がったのはこのためであったが、外国産商品によって付けられた販売ルートは、産業革命によって国内で生産された商品にとっても、容易に利用できるものであった。江戸時代のわが国の参勤交代にも、歴史的には、同様の意義が認められるかもしれない。

近年、近代資本主義の成立は、何よりもその国際的な契機との関連で見直されつつあるのだが、それはさておき、イギリス国内の契機に限って見るとしても、それはそもそもの出発点から、貴族やジェントルマンの存在なしには考えられなかったのである。

わが国では、長引く不況に、社会福祉や文化活動に対する企業の支援は、いっきょに後退している。バブルの時代にはしきりに喧伝された、企業の社会的責任などということも、どうもあまり深くは根づかなかったようである。これとは対照的に、貴族、ジェントルマンといった中世の遺物ともいうべき人間類型を存続させているからこそ、イギリスは、工業生産の面ではいかに「衰退」しても、社会や文化のレヴェル、ひいては広い意味での生活水準の点では、さして低下していないと言えるのかもしれない。

わが国の工業化時代が、「禁欲・勤勉」の倫理を象徴する校庭の二宮金次郎の石像とともに展開したことは、ある程度、事実かもしれない。しかし、「経済合理主義者」ばかりの社会が、長期的にはひどく脆弱であることも、確実である。

8 時短のゆくえ――労働の時間と「余暇」

労働とレジャーの分離

労働とレジャーの分離は、いまや社会史のもっともポピュラーなテーマのひとつである。かつては、労働と祝祭、遊びには、明確な区別がなかった。今でもアフリカ奥地の部族のなかには、「働く」という動詞が「遊ぶ」という意味の言葉と区別のない例が見られる、とも言われる。

しかし、ヨーロッパ型の近代社会にあっては、この両者は実に整然と区別されている。すなわち、労働の時間とは、労働者が企業に売り渡した時間のことであり、賃金のもらえる時間である。これに対して、レジャーの時間、つまり「余暇」とは、自己の裁量で使える自由時間ないし「生活の時間」のことである。近代社会では、基本的には、前者の時間帯に行なう人間の活動が「生産」と定義されてもいる。主婦が家庭内で行なう家事などというものは、近代資本主義国家の生産統計には出てこない。いかに重要であろうとも、そうしたものは、近代資本主義の論理では、いわば一種の「シャドウ・ワーク」にすぎないのである。

ところで、バブル崩壊以降、日本も、労働組合でさえ、時短を要求する時代になっていることは、あらためて言うまでもない。時短は、「余暇」の延長である。したがって、こうして延長された「余暇」をいかに過ごすかということこそが、国民的な課題だなどと力説する時論家も多くなっている。しかし、このような見方は、歴史的に見ても正しいのだろうか。

労働とレジャーの分離には、その裏の一面として、労働に対する嫌悪感の成立があったとも言われている。「うとましい労働」と「楽しいレジャー」という二分法があればこそ、時短が労働者の最大公約数的要求となりうるのである。近代社会では、前者における人間の活動が「生産的活動」とされるのに対して、後者におけるそれは「消費」と見なされていることは、すでに触れた。前者は、つらい、うとましいものであるからこそ、道徳的に「善」とされ、後者はそのままでも楽しいものだから、抑圧されがちであったと言うこともできよう。

「神の時間」から「商人の時間」へ

キリスト教の世界では、人間に与えられた時間、つまりアダムとイヴが楽園を追放されてから最後の審判までの時間というのは、神が人間に課した試練の時間であった。言いかえれば、人間の歴史とは、神の時間そのものであった。したがって、神によって与えられた試練の時間を利用して金儲けをする、などということは許されない。とすれば、利子というものは成立しえない。中世に「ウスラ」として知られた徴利禁止の考え方は、こうして生まれた。キリスト教徒は利子を取れない。したがって、金融業が営めない。そうである以上は、ユダヤ教徒に頼るしかない。ユダヤ人すなわち金貸しというイメージも、こうして定着した。

しかし、中世末期以降、キリスト教徒のあいだでも、商取引の慣行、たとえば為替などを巧みに利用して、事実上の徴利が行なわれるようになると、せめて、むやみに高い利子だけは禁止しよう、というようになっていく。徴利の禁止が高利の禁止にすり替えられ、「神の時間」は、しだいに「商人の時間」の観念に席を譲っていくのである。

さらに、近世初期になると、宗教改革によるプロテスタンティズムの勃興で、この傾向がいっきょに強化された。時間というものは、営利に利用してはならなかったはずなのに、いつのまにか「時はカネ」そのものになってしまうのである。禁欲と勤勉を世俗の実践倫理とし、「時はカネ」だと教えたピューリタニズムは、この点で、本来のカトリック的なものとは、対極に位置するものであった。

月曜は日曜の兄弟

もっとも、機械時計の刻む時刻に合わせて、パンクテュアルに、しかも勤勉に働くような労働者が、簡単に生まれてきたわけではない。東洋に「晴耕雨読」という言葉があるように、西洋の職人のあいだでは、伝統的に「セント・マンデイ」の習慣が認められていた。これは、先にも触れたが、月曜にはまともに仕事をしない習慣である。「月曜は日曜の兄弟」とは、一七世紀のイギリスで歌われた俗謡の一節である。出来高払いの賃金を受けとっていて、多少とも時間の管理が自分でできた伝統的職人の労働慣行とは、こうしたものであった。「時はカネ」という説教は、まさしくこのような行動様式の抑圧をめざしてなされたものである。

機械時計に合わせて働く労働者を生み出さないかぎり、「世界で最初の産業革命」はありえなかった。ましてや、アメリカの繁栄を生み出した労働管理法であるフォード・システムも、テイラー・システムもありえなかっただろう。そのような労働者がいないかぎり、時間単位での労働の売買、すなわち「時間給」はありえなかったはずで、そうなれば、「労働の時間」と「非労働時間」つまり「余暇」との分離もありえなかったはずである。

実際、イギリスで商工会議所の初代会頭となった陶器業者ジョサイア・ウェジウッドの経営文書などを見ると、労働者に「時間を守らせる」ということが、当時の経営者にとっていかに深刻な課題であったかがわかる。初期の工場では、フォアマンと呼ばれた現場監督などの下級職制が持つ時計の正確さをめぐる紛争が、絶えなかったという事実もある。

「聖月曜日」の追放

幼稚園から大学まで、遅刻・欠席を成績の善し悪し以上に重視し、皆勤賞を与える日本の教育慣行こそは、このような要請に、もっともよくこたえるものである。初めてヨーロッパに行ったとき、ヴァケイションの季節でもないのに、学齢期の子供を連れて旅行をしているアメリカ人に出会って、驚いたことがある。「学校に出席するよりはよい経験ができるから、連れて来た」と言う両親は、当然のことという風情であった。

西洋社会で、歴史的に「時間規律」を押しつけてきたのは、学校というよりは、まさしく教会の説教だったのかもしれない。（いささか乱暴だが）あえて一言で言えば、プロテスタンティズムが資本主義をもたらしたという、マクス・ウェーバーのよく知られたテーゼは、歴史的にはまったく支持できないものの、ピューリタンの説教が労働者のあいだの「時間規律」の確立に一定の役割を果たしたことは、ほぼ間違いない。

「セント・マンデイ」の習慣が追放されてしまうと、労働とレジャーは急速に分離しはじめたから、労働者と経営者の争点は、ひたすら「労働時間」の長短の問題となった。産業革命時代に、労働時間の短縮を狙って、つぎつぎと制定された工場法の歴史が、ここに登場する。

こうして見ると、「賃上げより時短を」などと言ってみても、特別新しいことを言っていることにはならないことがわかる。たとえば、昔は大家族だったが、だんだん家族規模が小さくなって、ついに単婚核家族になった、などということがイギリスについても信じられていた時代がある。しかし、今では、イギリスにかんしては少なくとも一六世紀以来——もっと早期を言う歴史家もある——単婚核家族が普通の形態であって、近年になってそうなったのではないことが知られている。時短などという問題も、たかだか戦後史くらいを念頭におくのではなく、もっと長いタイム・スパンで見れば、産業革命時代以来の、ひどく古風な話であることがわかる。

それにしても、一九、二〇世紀を通じて、「労働時間」はたしかに短縮されてきた。一八二〇年代であれば、もっとも条件のよい工場でも、週七二時間くらいが普通であっただろうが、一八八〇年代ともなれば、五四時間が一般的となり、中世的な宗教色のある休日が消滅したために、いったん激減した休日も、バンク・ホリデイ（一八七一年に制定）などの形で、ふたたび増えはじめる。このことは何を意味しているのか。

そこには、レジャーの商品化と「労働時間」内の労働強化という二つの事実がある。労働時間がしだいに短縮しえたのは、「生産性の向上」のおかげであり、そのことがある意味で、時間内の労働強化をともなっていることは間違いない。今世紀の初頭から成立する有給休暇制度となると、なおさらである。

労働者の「余暇」が、飲酒のような伝統的で、粗野とされたものから、旅行や映画や音楽、読書、庭いじりなどという「理性的」なものまで、あらゆるタイプのレジャー産業に絡め取られていくことは、よく知られた常識である。「生き甲斐」を論じる人びとは、しばしば「遊ぶために働く」ことを新しい理想ででもあるかのように喧伝しがちである。しかし、それはまた、「レジャー産業のために働いている」ようなものでもある、という事実をも指摘しないわけにはいかない。

あるところで、日本の男性が、家事や近所付き合いやＰＴＡに関与しないのは、ひとつには労働時間が長く、残業をさせられるからだという意見を聞かされた。江戸時代の男子町人などは、床屋談義や夕涼みの町内の付き合いまで、近隣との付き合いがよほど深かっただろうが、労働時間が短かったとも言えないから、一見もっともなこんな議論も、歴史的な視線で見れば、どこかおかしい気がしてならない。われわれの世界に比べて、江戸の町人の世界は、労働時間の短さに特徴があったわけではなく、労働そのものの密度や質にこそ違いがあったのである。

労働とレジャーの再融合は可能か

時短の要求は、他方で「労働時間」内の労働の強化――生産性の向上――がなければ充たされないのだから、そうなると、「労働の時間」はますます忌むべきものとなる。週に一時間も働けば食える、生産効率の異様に高まったSF的未来世界は、理想郷どころか、その労働に当てられる一時間が、ストレスの塊りとなる可能性もある。とすれば、われわれがやがて希求すべきは、時短よりも、労働とレジャーの再融合の道であるのかもしれない。労働が嫌悪の対象でなくなるとき、時短は必要がなくなるのである。

もっとも、そんなことがどうすれば可能になるのか。すぐに答えがあるわけでもない。ただ、不況で賃金を下げても、より多くの労働者のあいだで雇用をシェアしていこうとするような発想が取り沙汰されている今は、こんなことを考えてみる好機であるのかもしれない。

9　人間は国の富か、扶養すべき負担か――一八世紀の人口論争

人余りの時代

日本の人口が停滞しはじめて、何年になるだろうか。教育機関に籍を置く身としては、学齢期人口の減少によって、いろいろな影響を受けるから、この問題には無関心というわけにもいかない。それに、就職状況が「どしゃ降り」を超えて「氷河期」とされる今はともかく、景気が回復すれば、若年労働力の確保が、また深刻な問題になるかもしれない。歴史的に見ると、人口というものは、「扶養しなければならない負担」と見られた時期もあるし、「国の宝、国力の源泉」と見られたこともある、奇妙な代物である。

イギリスでエリザベス一世が、ロンドンなどに押し寄せてくる失業貧民の波に恐れを抱き、浮浪者対策を狙った救貧法を制定したのは、関ケ原の合戦の翌年にあたる一六〇一年のことである。「いまにイギリス中がロンドンになってしまう」と嘆息したのは、エリザベス一世を継いだスコットランド出身の国王ジェイムズ一世である。教会に残された洗礼と埋葬の記録を比べると、それは洗礼数の圧倒的に多い時期、つまり人口の激しい自然増の時期が長く続いた後のことである。

この時代のイギリス人にとっては、人口とは、まさしく、食わせなければならない

「負担」そのものであった。地方の名望家であった地主ジェントルマンたちは、当時の言葉で、「プロジェクト」と総称された、各種のヴェンチャー的事業——染料用の植物やタバコなど商品作物の栽培や、新しいタイプの毛織物生産やメリヤス編みのような農民副業としての製造業など——を起こして、住民の雇用、および自己の収入と名声を維持しようと図った。こうした失業対策には、失業のひどかった西南部の出身で、エリザベス一世の寵臣であったウォルター・ローリらの探険・海賊行為や植民活動なども含まれていた。イギリスのアジア支配の出発点となった、かの東インド会社の創設にしても、このような動きの一環とも見られる。大英帝国の基礎は、まさにこうして築かれたのである。

　この時代の「人余り」現象ははなはだしく、統計では、ロンドンの職人の賃金は、一〇〇年前の一五世紀末の三分の一に低下したことになっている。民衆というものは、賃金が安いほど、食うために必死に働くのであって、賃金が上がったり、穀物価格が下がったりして、実質的に賃金アップの効果が出ると働かなくなるため、かえって労働力市場が逼迫する、と考える識者が多かったのも、この時代の特徴である。

　ところが、一七世紀後半からは、状況が一変する。人口増加そのものが停止したう[3]え、農業革命によって食糧が増産された。他方では、帝国の形成が進み、イギリスが世界市場を掌握しはじめたことで、景気も急速に回復したからである。人間は報酬が多いほど働く意欲を持つものだという、後にアダム・スミスに受け継がれる「高賃金」のすすめも、この頃から登場する。こうなると、おかしいもので、「犯罪者予備軍」として取締りの対象とされた貧民が、「国の宝」となってくる。

人不足の時代へ

一八世紀になると、「人不足」の感情は、異常なほどの展開を見せる。世紀半ばに、ウィリアム・ブラッケンリッジなる聖職者が発表した一篇の論文が、センセイションをまき起こし、以後、半世紀近くにわたる大論争が始まるのである。「人口論争」の名で知られるこの論争は、その議論の中身以上に、それがもたらした危機感と、そこから生まれた諸政策のゆえに、きわめて重要な歴史的意味を持っている。

フランスと世界商業の覇権を争い、断続的に戦争をしているにもかかわらず、いまやイギリスの人口は減少しつつあり、労働力はもとより、兵員の確保もおぼつかない。ではなぜ人口は減少しているのか。ブラッケンリッジが人口減少の第一の元凶としてあげたのは、ロンドンである。なぜなら、先に触れたジェイムズ一世が嘆いたように、ロンドンこそは、ヨーロッパでは他に類例のない人口の集中ぶりを示しており、地方から人を集めては死なせていく「人間蟻地獄」と化しているからである。人口減少のいまひとつの原因は、アメリカなどの定住植民地への移民である。植民地への人口流出は、本国の弱体化を意味する。ブラッケンリッジの主張は、このようなものであった。

現実のイギリスでは、当時、人口がふたたび増勢に転じはじめていたはずなのだが、統計があった時代ではないから、この論文の衝撃はあまりにも大きく、たちまち多数の賛同者が現われた。冷静な反論もなかったわけではないが、「減少説派」が煽りたてる危機感の迫力には、抗すべくもなかった。

こうした危機感に対応して、官・民を問わず、いろいろな対策が打ち出された。一七七三年からアメリカ十三植民地の独立戦争に至るまでの数年間、イギリス政府は「出国者調査」を断行した。近代国家が成立する以前のヨーロッパでは、国境というものは、とくに民衆のレヴェルではさしたる意味は持っていなかった。近代の国家が、モノやカネや情報、ヒトなどが国境を越えることを厳しく監視するようになった結果、「密輸」や「密入国」が犯罪となったのである。したがって、近代以前の政府にとっては、「出国者調査」などということは、思いもつかないことであったはずである。ともあれ、この調査報告は、当時のヒトの動きを知る上で、じつにおもしろい史料となっている。[4]

　この史料では、アメリカへ「年季奉公人」と呼ばれた非自由労働力として移住して行く多数の貧民と並んで、ヨーロッパに「保養」や「商用」に出かける地主ジェントルマンと貿易商、とくに、ジェントルマン教育の仕上げとして、家庭教師を従えて大陸に遊学する「ヤング・ジェントルマン」などが目立つ。他方では、インドにおもむく東インド会社軍の兵士や、農繁期のイギリスに出稼ぎに来たアイルランド人の帰国する姿なども見える。

「活用」される捨て子たち

　話を人口論争に戻そう。「減少説」に対する民間の反応は、政府のそれ以上に興味深い。「減少説派」の論客であったジョナス・ハンウェイと、キャプテン・コーラムなる二人の人物が中心となって、ロンドンに「捨て子収容所」を設立したのは、まさにこの論争のゆえであった。

　ロンドンの街角で、毎日のようにむなしく死んでいく捨て子を育てていけば、慈善にもなれば、貴重な「イギリス人」の確保にもなる。これが彼らの言い分であった。当代一の人気画家ウィリアム・ホガースや音楽家ヘンデルの支援を得たこの施設は、国の補助金をも得て、一八世紀には多くの捨て子を引き取った。今も、ロンドン大学本部の近くで活動している「コーラム基金」がその後裔《こうえい》である。慈善と国家利益を同時に追求する「重商主義的博愛」とでも言うべきこのような考え方は、一八世紀のイギリスでは、ロンドン商人を中心にかなり一般的となった。

もともと商社マンであったハンウェイ[5]は、このほかにも、これもロンドンに現存する「海洋協会」を創り、ロンドンの浮浪者および浮浪児を集めて海軍に入隊させる事業をもしており、商人にとっては、人口減少は海軍の弱体化につながるという点が、最大の脅威であったことが想像できる。

この「人口論争」が結果としてもたらしたもののひとつに、一八〇一年に始まったセンサス（国勢調査）がある。イギリスは、世界でも本格的なセンサスがもっとも早く実施された国のひとつであるが、その背景になったのは、こうした「人口減少」に対する恐怖感そのものであった。以来、イギリスは一〇年おきにセンサスを実施し、とくに一九世紀の中頃からは、職業などの調査も交えた、優れたデータが得られるようになる。もっとも、民衆のあいだでは、センサス調査は、つねに権力による生活への干渉と受け取られ、抵抗感が強かったという事実もある。

ところで、まことに奇妙なことに、イギリス人がフランスとの対抗を念頭に置きつつ、人口減少説の恐怖に苛まれていたこの時代には、フランスでも、同様の議論がなされていた。『法の精神』の著者モンテスキューなどは、その代表である。英仏両国の知識人は、ドーヴァー海峡を挟んで対峙しつつ、ともに自国の人口が減少していき、労働力と兵力の点で相手に打ち負かされることを恐れていたのである。ただし、カトリックのフランスでは、もともと捨て子はプロテスタントのイギリスにおけるよりは、はるかに温かく迎えられており、パリには、コーラムやハンウェイが手本とした立派な「捨て子収容所」があった。

したがって、フランスのインテリは、ハンウェイ式の「捨て子の活用」などという提案はしていない。彼らとしては、実利と慈善をかねた、中途半端なイギリス風の「重商主義的」福祉などではなく、ひたすら都市的環境の観点から捨て子救済に向かったようにも思われる。

人は力であるか

わが国の経営者も、バブル崩壊前までは、人間が「力」であることを十分認めているように見えた。会社から何がしかの資金を与えられた前年入社の卒業生が、勧誘目的で後輩の在学生を食事に誘う風景があちこちで見られたものである。バブルが崩壊したとはいえ、全国の経営者が、いともあっさりと「人は負担」と考えはじめたようにさえ見えるのは、物事を長期的に見る――非現実的と揶揄することも、もとよりやさしかろうが――くせのついている歴史家の目には、はなはだ短絡的な行動と映ることも事実である。まさに、歴史は繰り返すものであるようだ。それも、ますますどんどん回転の速度を速めつつ。

10 誰が老親を養うのか――近世イギリスの救貧パラノイア

「救貧パラノイア」

人口構成が世界一高齢化することが明白なわが国としては、高齢者の面倒を社会的に見ていくことは困難である。また、高齢者本人の希望からしても、家族こそがその面倒を見るべきである。このような意見が、妙に説得力をもって語られている昨今である。しかも、こうした政界や論壇の風潮は、日本ばかりかイギリスのような国においても、目立ってきている。しかし、このような議論は、むろん、単なる福祉の後退への弁解にすぎない場合も多いし、ましてや「昔はみんなそうしていた」式の議論となると、そのような主張は、歴史的にはまったく間違いであることを指摘しないわけにはいかない。

たしかに、たとえば戦前の日本では、年老いた祖父母の面倒は、息子や孫が見たかもしれない。しかし、それはひとつには、単に当時は社会福祉の水準が低かったという事実の反映にすぎなかったとも言える。あるいはまた、そこにあった家族の構造が現在とはまるで違っていた、という事実の反映でもあったはずである。塾に通う必要のない孫や曾孫がたくさんいた家族と、単婚核家族化し、しかも妻も職を持ち、昼間は一人も家には残らない現在の家族とでは、老人扶養の能力がまるで違う。単婚核家族は、あらゆる家族形態のなかでももっとも弱体な家族なのである。

こうした家族のひ弱さを、社会史の研究者は「核家族の苛酷」と呼んでいる。むずかしいことを考えないでも、幼い子供のいる若いサラリーマンが、奥さんがカゼで寝込んだだけで、どれくらいピンチに陥るかを見れば、ことは明白である。夫にも育児休暇を認めるのでなければやっていけないのが、単婚核家族というものである。

歴史上、「核家族の苛酷」がもっとも露骨にあらわれたのは、いささか意外なことに、近世のイギリス社会である。少なくとも一六世紀、つまり信長や秀吉の時代には、すでにほぼ完全に核家族化していたと思われるこの国にあっては、庶民が特有のライフサイクルを維持したこともあって、高齢者や寡婦の生活維持がきわめて困難になった。さらに言えば、イギリス人独特の家族観もこのことに深くかかわっていた。

その結果、一六〇一年に救貧法を制定したエリザベス一世以来、この国の為政者やインテリは、おしなべて救貧に頭を悩まさざるをえなくなったのである。たとえば、毛織物工業の振興を訴える者も、植民事業の推進を言う者も、海軍の強化を唱える者も、平和を求める者も、その論拠として挙げるのは、それが結局、救貧経費の削減につながるということであった。そのありさまは、まさしく「救貧パラノイア」[6]とでも呼ぶべきレヴェルに達していた。

ライフサイクル・サーヴァントと「空《から》の巣」

普通、近世のイギリス民衆は、一四歳前後になると親元を離れ、どこか別の家庭にサーヴァントとして入っていった。たとえば、徒弟になる者もあれば、家事使用人(古い言葉でいう「女中」や執事など)となる者もあった。しかし、だんぜん多かったのは農家に入る「農業サーヴァント」であった。彼らは毎年、取り入れが終わる頃に、一年分の給金をもらって解雇され、フェアでドンチャン騒ぎをする。この「雇用の市」として知られるフェアは、翌年の雇い主を探し、契約をする市でもあった。その情景がいかにも家畜の売買と同じだということや、性風俗の混乱を招くというので、一九世紀になると批判が強まるが、一八世紀まではごく盛んに行なわれていたものでもある。

こうして、一四、一五歳から二四、二五歳までの期間を、実家以外の家庭に入って過ごす経験を、イギリス人の大半が持つことになった。このようなシステムは、「ライフサイクルの一環としてのサーヴァント（ライフサイクル・サーヴァント）」と呼ばれている。要するに、年季奉公の制度である。

ところで、こうして他家にサーヴァントとして入った若者は、その家のいわば擬家族として扱われた。たとえば、徒弟の監督責任は、実家の親ではなく、親方にあったのである。サーヴァントというものは、いつの時代も、しばしば暴走しがちな「怒れる若者たち」であった。たとえば、ロンドンのような大都会では、徒弟などのサーヴァントは、つねに暴徒予備軍的な性格があり、とくに逃亡徒弟は、犯罪者そのものと見なされていた。したがって、その管理・監督は、為政者の関心の的であったのだが、その監督責任は、実家の親にはなかったのである。この階層の自叙伝などを見ると、結婚に際しても、実家の親に反対されたというような例はほとんどなく、むしろ親方に発言権があったことがわかる。

ともあれ、サーヴァントたちは、一〇年もすると結婚をすることになるが、その際も、彼らはまったく新しい家庭を形成し、親元には戻らない。他方、子供がつぎつぎとサーヴァントとして他家に出て行った家庭は、老夫婦だけがとり残される。このような家庭は、研究上、「エンプティ・ネスト（空《から》になった鳥の巣）」と呼ばれている。こうして、結局は、若夫婦の家庭と「エンプティ・ネスト」化した実家という、二つの核家族が成立するのである。サーヴァントは住み込みであり、独身でなければならないので、ライフサイクル・サーヴァントの制度は、晩婚を強制する装置として機能した。高学歴社会となった現代日本の「学生身分」も、同様の役割を果たしていよう。逆に、結婚は新世帯の形成を意味したから、多少の経済的余裕ができなければ、不可能であるという意味もあった。

大家族制の社会や「十五で姉《ねえ》やは嫁に」行った、かつての日本のように、若夫婦が親がかりで暮らす社会とはまったく違っていたのである。他方、「エンプティ・ネスト」となった家庭は、仮りにそれが農家だとすれば、若い労働力がないから、どんなに無理をしてもサーヴァントを確保する必要が生まれた。当時のイギリスでは、かなり貧しい家庭なのに、サーヴァントがいたりするのはこのためである。「エンプティ・ネスト」となった家庭は、農業を続けるとすれば、若い労働力として、サーヴァントを雇う以外にない。たとえば、サーヴァント専用のベッドを買う余裕もない貧農が、サーヴァントを雇っている例がいくらもある。『不運な農夫』と題する同時代の農業書のひとつにも、老農夫が街道で出会った行きずりの若者を、新農法を教えることを条件に、サーヴァントとして確保するような話が出てくる。

こうして、単婚核家族の優越、ライフサイクル・サーヴァントの普遍性、晩婚という、近世イギリス家族の三大特徴が成立したのである。

ちなみに、ライフサイクル・サーヴァントは、社会的には「半人前」であり、「通過儀礼」的なステイタスであることから、ほぼ今の日本における学生身分に当たると考えてよい。いまだに「学割」制度があるのは「学生」というものを半人前と見る習慣の名残りでもあるだろう。

誰が老親を扶養するのか

ところで、こうなると気になるのは、実の親子の間の感情である。たとえば、救貧法の趣旨説明を読むと、子供をはじめとする親族が、第一の扶養責任者とはなっているものの、成人した子供が親の面倒を見るために実家に帰るような例はまず見つからない、と専門家は指摘している。イギリス人の社会では、親子の間でも個人主義の原則が働いているという感想をもらす人は多いが、それは、このようなライフサイクルと家族構造があってのことであった。瀕死のリヤ王に冷たかった上の方の子供たちは、近世のイギリスでは、特別非情であったわけでもないのかもしれないのである。実際、「老後の面倒を見てくれること」を条件に、財産の相続を認めるような契約が、親子の間で交わされている例も、ごく普通に認められる。そうでもしなければ、親は子供に期待はできなかったということである。

産業革命時代になると、綿工業都市の家族構造には、微妙な変化が現われる。一言で言えば、家族の規模がいくらか大きくなり、老人が若い夫婦と一緒に住む例が現われてくるのである。ランカシアなどの綿工業都市の救貧対象となった家族を見ると、まだ働けない幼児を抱えた若い夫婦の家族と「エンプティ・ネスト」となった高齢者のそれが、圧倒的に高い比率を占めている。つまり、この二つのタイプの家族が、もっとも弱い家族なのである。

とすれば、綿工業都市に現われた新たな家族構造というのは、この二つのタイプの「弱い」家族が合体したことを意味している。家庭外に職を得て自立はできない高齢者でも、家のなかで子守はできる。子守役が見つかれば、若い妻は働きに出ることができる。こうして、綿工場のような、賃金労働の場が近くにある場合、三世代家族が効率的となったらしいのである。その結果、実の親子ばかりか、他人である高齢者を「拾ってくる」ケースもあるとさえ言われるほどの事態が出現するのである。

誰が子供を育てるのか

すでに触れたように、イギリス近世の社会では、子供が老いた親の面倒を見ることが、かならずしも絶対的な義務とは意識されなかったらしい。しかし、一見奇妙なことに、親には子供の面倒を見る――少なくとも、サーヴァントとして他家に出すまでは――義務があった。

ところが、ここにも深刻な問題があった。当時の人びとの寿命はけっして長くなかったから、一般に、子供たちが成人するまで両親が健在である可能性はかなり低かったのである。孤児や片親しかいない子供が非常に高い比率で見られたのが、この時代である。とりわけ、「人間蟻地獄」となったロンドンでは、いわゆる欠損家族はむしろ常態となった。浮浪児を強制的に海軍に入隊させたハンウェイの「海洋協会」が成果を挙げえたのも、このためであった。

ロンドンの民衆は、このような状況にどう対応したのだろうか。答えは、再婚率にある。近世のロンドンでは、男女を問わず、再婚率が異様に高いのである。夫を失った妻は、幼い子供を育てるために、たちまち再婚する。妻を失った夫もまた、同じである。再・再婚や再・再・再・再婚などはいっこうに珍しくはない。その結果、子供たちが、まったく血のつながりのない義理の両親の庇護のもとに置かれている例も、きわめて頻繁に見られる。親が短命であった近世のイギリス、とくにロンドンでは、家族とは、義父や義母がかならずしも血のつながりのない子供を育てていくための社会的装置であった、とさえ言えそうなのである。父の死亡後に母が再婚し、その後母もなくなって、結局、義父に養育されているといった境遇の児童が、いくらも発見されるのである。

むろん、きれいごとばかりではない。このような義理の親たちが、しばしば子育ての責任を放棄したことは、年季奉公人としてアメリカ大陸に売られた少年・少女たちに、こうした境遇の者が圧倒的に多いことからもわかる。継母や義父による子供の虐待が、民話のテーマとなったのも当然である。

たとえば、一六八四年にヴァージニアに「年季奉公人」として売られたある若い男子の記録には、「義父の籠作り職人が……この徒弟には、父も母も生きてはいないと証言した」とあり、年齢も「二一歳以上だろう」としか書かれていない。つまり、自分の年齢も定かでないこの人物は、まず実父が亡くなり、母が籠作り職人と再婚したが、その母も亡くなったため、血のつながりのない義父が、売り飛ばしたということになろう。二一歳というのは「成人」の意味である。

このような状況は、現代アメリカ社会に非常に近いのかもしれない。現代アメリカでは、近世ロンドンのような高い死亡率はなくなったものの、高い離婚・再婚率のために、同じような状況――血のつながりのない親が、義理の子供を育てるはめに陥る――が見られるからである。こうなると、家族とは、血縁とはかならずしも無関係に、次世代を育てていく社会的機構と言うことになろう。

家族史の動向は逆転させられるか

老親の扶養のためには、三世代家族を形成することがひとつの方法であった。しかし、イギリスでは、結局、三世代家族が一般化するようなことはなかった。一八三四年の救貧法の根本的な改正を経て、二〇世紀の早い時点で、国民年金制度が成立していくからである。

徹底的に核家族化した現代日本で、高齢者をはじめとする弱者の介護を、いきなり家庭に押し戻すなどということは、無謀と言うほかない。そんなことを言うためには、その前に、近世以来の家族史の動向そのものを逆転させるのでなければならないことになるのだ。

それにしても、ここに見たように、産業革命時代のイギリスの一部では、赤の他人が擬似家族を構成する例が見られたが、それが可能になったのは、徒弟であれ、農業サーヴァントであれ、「ライフサイクル・サーヴァント」を擬似家族として取り扱う長い前史があってのことであった。そうした歴史を失って久しい現代の日本で、そのようなことは不可能であろう。

11　イギリスに関西はない——首都とは何か

ロンドンへの集中

東京一極集中の弊害が言われて久しい。生粋の関西人としては、学問の世界においてさえ、東京というものが、いかにも傲慢に見えて、腹立たしいことも少なくない。しかし、首都への集中ということになると、東京の例がそれほど特別なわけではない。たとえば、イギリスにおけるロンドンへの集中の度合いは、歴史的に言えば、東京以上であった。

しばらく以前のこと、さる雑誌が「地方都市の文化」を特集するというので、イギリスのそれに関する執筆を依頼された。編集者としては、地方自治の伝統が強く、地方史研究も盛んなイギリスのことゆえ、何かおもしろい話題があろうと予想したらしい。しかし、考えてみると、イギリスには、「地方都市の文化」と言えるものはない、と思う。イギリスにあるのは、都会の文化としてのロンドンの文化と、地方の農村文化のみである。

工業化にはなお一世紀の時間があった一七世紀末においてさえ、人口五〇〇万余のこの国で、ロンドンは五〇万の人口を擁し、地方出身者が圧倒的に多かったことからして、成人の七人に一人はロンドンに住んでいたのである。これに次ぐ都市と言えば、せいぜい一万余の人口を持っていたにすぎない。工業化がよほど進むと、イギリスでもバーミンガムやリヴァプール、マンチェスターなどの都市がかなり成長するものの、ロンドン文化の圧倒的優位は崩れない。

農村とは違う都市的な生活文化の特徴が、社会の匿名性にあるとすれば、近世では、ロンドン以外には、真の意味で都市的な文化の成立する可能性は少なかったのである。言ってみれば、長い間イギリスは、ロンドンとロンドン以外の農村部とで構成されてきたのである。とはいえ、一五〇〇年頃のロンドンの人口はせいぜい数万人、全国の二ないし三パーセントにすぎなかったから、こうしたロンドンの際立った特徴は一六世紀に生まれたものである。

ともあれ、ロンドンへのこのような異様とも言える集中に対しては、歴史上しばしば警鐘が鳴らされてきた。とくに、ジェイムズ一世は一七世紀初頭、スコットランドからロンドン入りしてイギリス王となったが、地方の民衆がロンドンに押し寄せるのを目のあたりにして、これを嫌った。一六世紀に始まったロンドンの大膨張が、住宅問題、救貧問題、スモッグの発生などとともに、とくに深刻な伝染病の問題を引き起こしたのは、この国王の時代のことであった。

「成長のエンジン」としてのロンドン

しかし、他方では、首都の大発展は、経済の発展に寄与する面も大きかった。ロンドンをこの時代の「経済成長のエンジン」と見た歴史家もあれば、後に、イギリスで世界で最初の産業革命が起こる原因のひとつとして、「ロンドンの発展」をあげ、そこから産業革命の成立までの複雑な因果関係をチャートに描こうとした研究者もいた。

その場合、重要なポイントは二つないし三つあった。すなわち、ひとつは、シティの持つ金融・情報の役割であるが、他の二つは、要するに市場としてのロンドンの機能にかかわるものである。まず、「食糧市場としてのロンドン」に象徴される、大量消費市場としての役割があり、いまひとつには、「奢侈」ないし「ステイタス・シンボルとしての消費」の中心としての役割があった。

ロンドンが奢侈的消費の中心となりえたのは、その文化的ヘゲモニーのゆえである。繊維製品のような商品であれ、芝居や音楽のような文化サービスであれ、娯楽であれ、「ロンドン・メイド」であるものには、一定の文化的付加価値が付く状況が、そこにはあった。とくに、女性用の衣料品に関しては、外国製でないかぎり、「ロンドン製」であることが絶対的な条件となった。地方回りの劇団や楽団も、どこまで本当かはわからないが、たいてい「ロンドンの」という形容詞をつけていたものである。圧倒的大都会としてのロンドンは、首都としてのその地位からしても、政治や文化の中心となったからである。

イギリスでは「ザ・シーズン」と呼ばれる習慣が、一七世紀の初めから成立しはじめ、一九世紀に大盛況となったことには、先にも触れた。地方の支配層であるジェントルマンたちが、一年の半分近くをロンドンに出て社交生活を送る「ロンドン社交季節」がそれである。御者や下女に至るまで一族郎党の多くを率いてのロンドン生活は、これを経験して帰郷した人びとが、故郷で「ロンドン風」を吹かせたため、社会の各層にわたって、ロンドンの生活文化を地方に普及させる役割を果たした。

こうして、近代のイギリス文化は、緑なす田園におけるカントリー・ジェントルマンの理想を強烈に掲げながら、実際には、ロンドン文化そのものとして展開したのである。

京・大坂・江戸——三都制日本

これに比べると、同じ近世のわが国の状況は、かなり違っていた。なるほど江戸の人口は世界有数であり、人口の集中ははなはだしかったが、経済の核としての大坂、文化的権威の中心としての京都の存在があったから、ロンドン一極のイギリスに比べれば、わが国は三都制であったと言えなくもない。京・大坂は上方として一括すべきかもしれないし、逆に、ロンドンも、経済の核としてのシティ（ロンドン）と国政の中枢としてのウェストミンスターに区別すべきだと言う意見もあろう。実際、一七世紀ならこの二つの地域の中間には、なお未開発の空き地がかなりあったことも事実である。

また、今のロンドンにしても、都知事のもとに統一的な行政が敷かれている東京都を、統合された行政機構を持たないロンドンとストレートに比較することには、いくらか無理があるかもしれない。しかし、おおまかに言って、一極集中のイギリスと複数の核を持っていた日本の近世との違いは明白である。

イギリスの南北問題

『イギリスの南北問題――北部人意識の起源』と題するイギリス人の本がある。中世以前から、しきりに言われているイギリスの南北格差を、意識の側面から分析した興味深い著作である。この場合、むろん、南部とはつまるところロンドンのことである。南北の違いは、一七世紀の革命では、南部が議会派、北部が王党派となったのに対して、産業革命は北部を舞台として展開したことにも、明瞭に表われている。歴史的・根本的な原因は、土壌の違いにあったという説もしばしば見られる。すなわち、粘土質ゆえに近代的な農法に不適合であった北西部に対して、根菜栽培と家畜の飼育を含む近代農業に適していた軽土質の南東部との対比が、それである。

もっとも、北部対南部の問題は、かならずしもこのように対等の関係ではなく、北部人のあいだには、つねに差別されているという意識と、文化的コンプレックスがつきまとっているようでもあるのだが。

ともかく、こうした南北問題という観点から言えば、サッチャー政権の経済政策には何の新味もなく、中・北部製造業のいっそうの衰退とロンドンの金融界の盛況をもたらしただけ、と言うことができる。サッチャー時代を特徴づけた豊かな若年層「ヤッピー」の勃興も、すべてシティがらみの現象でしかなかった。「ジェントルマン資本主義」は、一九世紀中頃以降については、あくまでロンドンの資本主義なのである。他方、中・北部に進出した日本企業が、現地の労使関係に「単一企業=単一組合、ストライキなし」の日本的労使関係の原則を持ち込み、炭労をはじめとする伝統的な労働運動関係者の反感を買ったことは、よく知られていよう。

遷都論には意味があるか

工業化に至る過程では、首都への集中に意味があっただろうが、これからの世界では、複数の核を持つことのほうが意味を持つかもしれない。そうなると、もともと近世の二極ないし三極構造に慣れている日本人には、有利ということになるはずである。阪神・淡路大震災を経験した今となっては、一極集中の危険はなおさら明白である。

しかし、単に政治機能の一部を切り離そうという、今、普通になされているようtな遷都論には、あまり意味はない。ワシントンがニューヨークの都市問題を解消しているとは思えないからである。政治機能の一部を切り離した例は、ブラジリアでもキャンベラでもあまり成功はしていない。したがって、日本についても、政治機能の地理的分離などよりは、「関西の復権」のほうがはるかに現実的であると思う。もっとも、最近はやりの「関西論」には、はなはだ皮相な文化論と中央に対する奇妙なコンプレックスの裏返しを見る思いがして、あまり感心はしないのだが。

ともあれ、都市文化のあり方から言えば、ロンドンへの一極集中を極めたイギリス型、二極ないし三極構造になっていた日本型、多数の中心地に分散したドイツ型などに区別できよう。

日本に近い例は、たとえば、政治都市エディンバラと商工業都市グラスゴウの並立したスコットランドにも見られる。イギリス型にあまり未来がないことは明らかで、現実にロンドンの人口はつとに頭打ちとなり、その規模は縮小気味でさえある。ドイツ型も、日本の歴史的背景からすれば現実味がない。

江戸文化趣味の復興いちじるしい昨今、首都のあり方についても、近世のかたちに戻ることこそが、世界に例のない未来を開くことになるのかもしれない。

12　日本に農村はあるか――ジェントルマンの農村回帰

都市のイギリス、田園のイギリス

日本に農村はなくなった。水田や山林など、景観の上ではむろん「農村」的な地域はいくらも残っている。しかし、車とテレビとコンビニエンス・ストアが、生活文化の上での「農村」を駆逐してしまったと言えよう。電車のなかでも、一見して田舎の人と都会人とを見分けることなど、不可能となった。春日八郎や三橋美智也の全盛期の恋人たちは、農村と東京に引き裂かれ、はるかな「東京」に思いを馳せたものだが、今どきの「遠距離恋愛」は新幹線の最終便で結ばれている都会と都会のそれでしかない。物の考え方での差異は、スタイルや生活様式のそれ以上に小さくなっていよう。

ところで、都市化という点でも、イギリスは不思議な国である。ある意味では、ロンドンを中心として、イギリスほど都市化の徹底的に進行した国は少ない。歴史的に言えば、都市国家であったヴェネツィアなどを別にすると、これほど都市に人口が集中した国は、アムステルダムからロッテルダムまでの都市ベルトが成立した、かつてのオランダくらいしかないだろう。

しかし、他方では、緑なす田園としてのイギリスのイメージも強い。実際、イギリスの農村は実に美しい。地主ジェントルマンを一貫して支配階層としてきたこの国では、ジェントルマンの拠点である農村はつねに文化的に価値のある場所であり、文学や芸術の世界での「農村回帰」は絶え間なく繰り返されてきた。狐狩りをする森を持たない人間は、この国では真のジェントルマンではありえなかったのである。イギリス社会のステイタスは、一貫して農村におけるそれが基準となってきたが、その農村のステイタスは結局、土地所有を基準としてきたのである。都市の親方のステイタスは、農村で言えば、主として自分の土地を自分で耕す「自作農」である「ヨーマン」になぞらえられる、といった具合である。

したがって、イギリスでは、農村における土地所有がステイタスの根底をなしてきたとも言える。つまり、この国では、一貫して地主がもっとも尊敬され、土地に無関係な人間がもっとも下位に置かれてきたのである。しかし、他方では、この国にも多少の文化的差別感を含んだ「田舎者《カントリ・バンプキン》」という言葉があるのに、それに対応する「都会者」という言葉はない。近世以降の生活文化の点では、農村に対する都会の優越は明白なのである。

とすればイギリス人はいつから、都会に憧れるようになったのか。なぜそうなったのか。イギリス人の都会への憧れと日本人のそれとには、何か違いがあるのだろうか。

「都市ルネサンス」

イギリスで「田舎者」という言葉が本格的に出現するのは、一八世紀の初め頃だと言われている。[7] この時代はまた、地方都市にもロンドン風が吹き荒れ、「地方都市のルネサンス」が展開した時代であった。一言で言えば、都市のアメニティが充実し、都市が楽しい、文化の香りのする快適な場所になっていったのである。

職業調査によれば、この時期の地方都市には、理容師や医師など、健康と美容に関する職業が激増し、出版やレクリエーションに関する職業――印刷業者、新聞の発行人、競馬関係者、コンサートや演劇関係の職業など――が急速に増えたことがわかる。小売りの商店が増えて商店街が成立し、ショッピングが都市の最大の魅力のひとつとなる。ガラス張りのショー・ウインドウが地方都市に広がるのも、この時代である。

取り扱われる商品も多様化する。麦類しか扱わなかった穀物商ばかりか、各種の輸入食品を扱う食料品屋が増えてきたのである。この時代、茶や砂糖に始まる輸入食品は、いずれも初めのうちは貴重な薬品と考えられたものの、まもなく日用食品に転化していった。都市自体にも大きな変化が起こり、競馬場、遊歩道つきの公園がつぎつぎと生まれた。上水道や下水道もしだいに整備され、市の中心部では、ほんの短時間しか点灯されていなかった街灯が、長時間灯されるようになり、治安の維持にも気が遣われるようになった。こうして、これまではただの闇にすぎなかった「夜の時間」が、都会では生活の時間の一部になったのである。各都市がそれぞれの市史を、誇りを込めて刊行する時代になったのは、こうした一連の変化の結果である。

もっぱら社交や観光を目的とする温泉都市――南西部のバースや南部のタンブリッジ・ウェルズがその典型である――が、この時代の特徴的なニュータウンとして成立した。ロンドンにも、遊歩道や音楽堂のある公園が成立し、「散歩」というきわめて都会的な行動様式が生まれた。一八世紀イギリスの最大の観光地となったこうした公園は、着飾った人びとが互いに「見たり見られたりする」場所、つまり自己顕示の場として、来訪した外国人の讃嘆の的となった。

これらの変化の多くは、ロンドンでは一世紀も前に始まった現象であった。「悪貨は良貨を駆逐する」という格言とともに記憶されている、トマス・グレシャムが創った王立取引所[8]の内部や、ロンドン橋の橋上の両側に並んだアクセサリー店などを中心に、ロンドンでは一六世紀の末には、そうした傾向が認められた。グローブ座をはじめとするシェイクスピアの劇場が活動したのが、その頃であることは、言うまでもない。

こうして、一八世紀前半のイギリスでは、初めて都市が生活文化の中心となった。都会は、地方の人びとにとって憧れの対象となったのである。こうした都会の文化の核に、ロンドンがあったことも言うまでもない。ロンドンの風俗は、地方の有力者が家族や使用人を引き連れて上京した「ロンドン社交季節」の習慣などを通じて地方に広められ、『スペクテイター』誌など、風俗やマナーに関するロンドン発の雑誌が地方の支配階級のあいだで、生活様式のバイブルとなっていった。

「(南西部の)地方の人びとは、五〇年前の服装をしている」とか、「まるで止まっている時計の針が、一日に二度正しい時刻を指すように、じっとしていれば、やがて流行の方で自分のところに戻ってくるとでも思っているようだ」とか、果ては「トルコ人のような格好だ」などこれらの雑誌が主張しているのを見ると、ロンドン人の文化的優越感がよくわかろう。

公園や遊歩道以外の都市計画でも、たとえば、イギリス都市に特徴的な方形の小緑地、「スクエア」が、ロンドンに一六六六年の大火後の復興計画で本格的に取り入れられ、この世紀の末以降には、バースをはじめ地方都市にも普及した。

市内を豚が走り回り、上下水道も完備せず、商店街も、劇場も公園もなかった中世都市が、ここに言うような「都市の魅力」を持っていたとは思えない。楽しい都市、文化的な都市、若者の憧れる都市のイメージは、間違いなく中世以降、工業化以前の「近世都市」において成立したのである。

「工業都市」と都市問題の誤解

しかし、このような都市のイメージは、一九世紀に入って、ふたたび一変する。都市人口の劇的な増加によって、都市は喧騒とゴミと犯罪と貧困の巣となり、「都市問題」が一般化したからである。小説家ディケンズはこれを「コークス・タウン」と呼び、都市史研究の用語としても普通に用いられている。しかし、この言葉には、「都市問題」をもたらしたのが、工業化そのものであるという、いささか陳腐な見方が明確に含意されていて、あまり感心はしない。工業化は煤煙にけぶる、汚い工業都市を雨後の竹の子のように生み出した、という発想は、あまりにも単純にすぎるからである。

一九世紀にも、実際に繁栄した大都市の多くは、工場を中心とする典型的な工業都市などではない。リヴァプールは港町だし、マンチェスターでさえ、工業都市というよりは商業都市であったことが、研究者にとっては常識である。煙を吐く工場群は、むしろその周辺に位置していたのである。何よりも圧倒的なメガロポリス・ロンドンが、イギリスが工業化していった時代に、世界の商業・金融の核となり、「ジェントルマン資本主義」を体現するようになっていったことは、初めの数節で触れた通りである。

それどころか、いわゆる産業革命時代に、ロンドンは、それまで繁栄していた多くの手工業を失い、むしろ「脱工業化」したのである。この時ロンドンからの「大脱出(エクソダス)」を経験した産業としては、製靴業などが典型である。いずれにせよ、ロンドンに世界最大のスラム、イーストエンドが成立したのは、少なくとも直接的には、かつてマルクス主義者が主張したような「工場労働者の産業予備軍」などのためではありえない。

一般に、「都市人口の大成長」をもたらしたのは、工業というよりは、「近世都市の魅力」そのものであったと考えられる。産業革命論の生んだ誤解のひとつがここにある。多くの貧民が都会に流れこんだのは、工場労働者を夢見てのことではなく、ひとつは「都会への憧れ」からであり、いまひとつは、事実上の浮浪者として「都市雑業」を求めてのことであった。大都会には、たとえば、ポーターや、花、果物、ミルク売りのような「路上生活者」も多く、何となく貧民の生活が成り立つという側面があったからである。

農村的価値の回復へ

もっとも、圧倒的に都市化が進行したにもかかわらず、一九世紀のイギリスではジェントルマンの支配が貫徹した。ジェントルマンの中核が、地主からシティの金融関係者に移った――所得の源泉が国内の地代から、海外への資本輸出の利潤に転化した――にしても、本来農村的な価値観そのものであった「ジェントルマンの理想」が、執拗に生き残ったのである。シティの価値観が伝統的な地主のそれの延長であることを、「都市的ではあるが静態的なもの」という言葉で表わす歴史家もいる。つまり、ここにあったのは、都市的なものと農村的な価値観の絶妙のバランスなのである。この事実を象徴的に示したのが一九世紀末、E・ハワードが提唱した田園都市計画であったが、その点は別の機会に譲るほかない。

ともあれ、都市一辺倒の価値観には、あまり未来はなさそうである。かと言って、伝統的な中国に見られた退行的な「田園回帰」ばかりでも、論外ではあろうから、イギリス的な微妙なバランスには学ぶべき点が多いはずである。

1　「理念型」とは、マクス・ウェーバーが用いた分析の方法のひとつで、個々の事例の個性を取り除いた一種の「純粋モデル」のこと。

2　王政はもとより、貴族制度をも廃止したフランス革命も、その前後の時期をやや長期的に見ると、結局、支配階層にはあまり大きな変化がなかったという見解が表明されている。

3　一六世紀の人口増加も、一七世紀の人口停滞の傾向も、ヨーロッパ全域に及んでいて、理由はいまだにはっきりしない。一七世紀の人口停滞は、「ヨーロッパの全般的危機」の一兆候と見られ、世界システムの膨張が一時頓挫し、凝縮の傾向を示したものと理解されている。この頃から西欧各国が採りはじめる「重商主義政策」こそは、膨張の停止した世界システムのパイを奪い合うための政策であった。この意味で、一七世紀には、現代世界と多少似通った状況が見られたのである。

4　近世のイギリスにおける犯罪史では、密輸と密猟が、最大の特徴となった。ジェントルマンの趣味として、複雑な規則に従って行なわれる「狩猟（ゲーム）」のために、その対象とされている鳥など特定の小動物を、庶民が捕ることを禁止する「狩猟法」が創られた。しかし、かねてこうした小動物を蛋白源としていた民衆は、これを無視したため、狩猟法違反が、記録に残された犯罪の圧倒的多数を占めることになったのである。

5　ハンウェイの事業としては、イギリス国内で捨てられ、貧窮に喘いでいた解放黒人たちを、アフリカのシエラレオネに送った企画も知られている。また、彼は、長くロンドンに本拠を置く、ある商会のリスボン駐在員をしていたため、イギリス人には奇癖の持ち主とされ、真偽のほどはあやしいが、女性のものであった傘を初めてさした男性とも言われている。当時なお、まったくの異境であったカスピ海周辺の探険でも知られ、飲茶に対する反対派論客としても著名である。

6　救貧の責任は、基本的に教区にあった。教区は救貧税を徴収して対応した。一七世紀後半以後は、「定住法」によって、都会に出た者でも、そこで一年以上継続して雇用されていなければ、もとの農村の教区でしか救貧が受けられないことになっており、とくに農村に救貧の負担がかかった。

7　一八世紀になってこの言葉が使われるようになったということは、都市の生活文化が明らかに農村のそれに優越するようになったのが、その頃であったということである。支配のため、特別の権威を持たされ、人為的に建設された首都である京都が、初めから「都の雅び」を誇っていたのとは、対照的である。

8　「取引所」の起源は、一六世紀のヴェネツィアにあるが、グレシャムが直接モデルとしたのは、アントワープのそれである。現在、シティのイングランド銀行の近くにある「王立取引所」の建物は、後に再建されたものである。一六世紀前半のイギリスは、猛烈な通貨の品質低下を引き起こしたため、ポンドの評価が下がり、毛織物輸出が空前のブームとなった。羊を飼うための「囲い込み」が展開したのも、このためである。しかし、当時、グレシャムは、国王の買付け係としてアントワープに駐在していたため、「弱いポンド」に手を焼き、帰国後は、ポンドの品質向上を主張した。グレシャムによる改革が、一六世紀後半のイギリスに大輸出不況をもたらすきっかけになったのは、当然であった。

ロンドンで開かれた大英博覧会の光景。*The Illustrated London News.*

第３章　文化の輸出と輸入

13　大英帝国の「日の名残り」――「文化後進国」から文化の発信基地へ

大英帝国、いまだ日暮れず

先にも何度もご登場願ったＷ・Ｄ・ルービンステインは、一見、繁栄を謳歌しているように見える日本の大きな弱点として、文化情報の発信能力が極度に低いことをあげている。この点では、日本はなお、メキシコ・レヴェルであるというのが、彼の見解である。日本語教員をせっせと養成し、日本事情の紹介につとめ、本来の大学機能が失われるほど留学生を集めてみても、世界共通語《リンガ・フランカ》としての英語の威力にはとうていかなわない。日本人が英語を話さないことがそもそもけしからん、と言わんばかりのルービンステインには、むしろ同調しにくい。しかし、それにしても、英語というものが、大英帝国の残した何ともしたたかな「遺産」であることだけは間違いない。

政治的な意味では、イギリスは、両次大戦を契機に、その植民地の大半を失った。それでも、なお、多くの地域で経済的な支配を維持したことは、よく知られた事実である。多くの旧植民地で、「玄関から出て行ったイギリス人が、勝手口から戻って来た」と言われたのは、このためである。

一九七〇年頃、イギリス南西部の民宿で出会った老女のことは、忘れられない。インフレで家も失ったというその老女は、一匹の犬と赤いルノー一台を目に見える財産として、この民宿に長逗留しているとのことであった。思わず同情させられ、生活の心配をした私の問いに、彼女は明るく答えたものである。「南アフリカのダイヤモンド鉱山の株があるので、問題はないのよ」と。貧乏な留学生であった私が、唖然としたことは言うまでもない。近代のイギリス史を見るには、たとえそれが民衆にかかわる事柄であっても、「帝国支配」の影を見ないですますことはできない。イギリス経済の「衰退」などということも、この点を考慮に入れないようでは、いささかバランスを欠くというものである。

しかし、多くの旧植民地は、やがて経済的にも自立傾向をたどり、一九五〇年代後半のスエズ動乱を契機として、イギリス帝国は、経済面でも機能を停止しはじめる。

私が民宿で、かの老女に出会ったのは、まさしくイギリスが帝国、つまりコモンウェルスとの経済的紐帯に見切りをつけて、ECに顔を向けようとしていた頃でもあった。ニュージーランド人である友人が、それまで入国手続きなどで受けていた特別待遇がなくなり、逆にEC諸国の人びとが優遇されるようになったとぼやいていたのも、なつかしい思い出である。こうして、政治の次元と経済の次元で、「帝国」は消滅した。かつて『帝国主義の終末』を著した、労働党の理論家ジョン・ストレイチーは、イギリスは帝国なしでも十分やれる、ということを証明して見せようとしたのだが、現実は厳しく、イギリス経済の「衰退」は、いかにも明白なようであった。

しかし、それにしても、植民地を持たなくなった日本からの留学生であった私には、この国がなお「帝国の遺産」に依存していること、いわば大英帝国の「日の名残り」を「享受」していることを、ことあるごとに思い知らされた。たしかに、当時のイギリス国民一般に見られた深刻な雇用状況は、若い歴史の研究者のあいだにも深刻な影を落としており、「博士号を取るより、ダンプの運転免許を取るほうがよい」とは、日本でいう大学院生にあたる人たちの決まり文句でもあった。しかし、そのように嘆いていた若い研究者のほとんどが、結局、つぎつぎとコモンウェルスの大学に就職していく事実にも、気づいたからである。日本人が英語を話さないことを非難するルービンステイン自身にしても、しばらくはオーストラリアの大学に就職ができたのである。同じ内容でも、英語の書物と日本語のそれとでは、決定的にマーケットの広さが違う。

さらに文化的に言えば、文化圏としての大英帝国は、アメリカの支配する「世界システム」にも、容易に受け継がれたのである。リンガフォンの会話教材のなかで、イギリス語のそれがアメリカ語のそれに、販売実績で抜かれたと聞いたのは、私が大学院生の頃であったような気がする。したがって、実際には、今ではアメリカ英語が「世界語」なのだと言うべきかもしれないが、アメリカ英語がイギリス英語より美しいという人には出くわしたことがないから、やはりイギリス英語の「正統性」は今も健在なのであろう。

ともあれ、どんなにクセがあろうと、英語は英語である。イギリス人やアメリカ人が大英帝国の文化的遺産によって、はかり知れない利益を今も享受していることは間違いない。この意味での大英帝国は、いまだ消滅しきってはいないのだ。

舶来品の国産化

もっとも、イギリスがこのように文化の発信基地となったのは、それほど古いことではない。少なくとも一六世紀、シェイクスピアのイギリスは、明らかに文化の受容国であった。

当時のイギリスはひたすら半製品である毛織物を輸出し、ありとあらゆる雑貨――それこそヨーロッパの先進文化、とくにルネサンスの中心であったイタリアやフランスの文化を伝える具体的な媒介であった――を輸入した。輸入品は単なるモノではなく、そこはかとない価値を付加された「舶来品」であった。流行の先端をいく衣料品、アクセサリー、書籍等々がここに見られる。さらには、エキゾティックな東方物産も、もっともわかりやすいステイタス・シンボルであった。ファッションもまた、同じであった。すなわち、首のまわりにつけたアコーディオン状の「ひだえり」や、わざと大きく膨らませた派手な半ズボンとストッキングなどに代表される当時の南欧ファッションは、イギリス人のジェントルマンたちが競って取り入れた。われわれの知っている「南蛮人」の風俗そのものである。

この世紀前半のヘンリ八世時代であれば、半製品の毛織物を輸出するのも、こうした「舶来品」を手に入れるのも、当時の世界市場であったアントワープと決まっていた。トマス・グレシャムが、ポンドのあまりの弱さに危機感を抱き、通貨改革の必要を感じたのも、彼がこの地で国王のために「買付け係」をしていたからこそであった。

イギリス人が世をあげて「舶来品」に熱中した時代は、また、必然的にそうした舶来品を模造する輸入代替産業の時代ともなった。研究史上、「初期（早期）産業革命」とされているこの時期の、新規産業——製鉄、ガラス、製紙、新毛織物、タバコなど新しい商品作物の栽培、鉱山開発、探険、植民など——の多くは、そのような性格を帯びていた。一八世紀末ともなれば、イギリス人にとって、大方のヨーロッパ諸国の商品が単なる「輸入品」になったのは、こうした努力が成功した結果である。あれほど憧れの的であったインドのコットンでさえ、後には完全に「輸入代替」に成功した——それこそが、産業革命である——のだから、それも当然のことではあったのだが。

海外遊学は有効か

それにしても、一六世紀から一八世紀にかけて、イギリス人が大陸文化に心酔していたことは、ジェントルマン教育の仕上げとしての「グランド・ツアー」の習慣が、如実に物語っている。ジェントルマンの息子は、何が何でも大金をはたいて大陸、とくにフランスとイタリアに何年間かの「遊学」を果たさなければならないというのが、当時の習慣であった。たいていのことは、イギリスでも学べるのだが、何はともあれ、「大陸仕込み」でなければならなかったのである。なぜなら、時はルネサンス時代であり、ジェントルマンの理想は、ルネサンス人文主義を基礎としていたのだから、光はつねに南方から射していたのである。

先にあげた「出国者調査」でも、一〇代後半の若い「ジェントルマン」が、付添いの家庭教師を連れて、大陸に渡って行く姿が読み取れる。彼らの出国理由は、記録では、「勉学のため」となっていることもあるが、多くは「役人ごときに、理由を明かす必要はない」などと言って証言を拒否した、とある。そこには若いジェントルマンたちの傲慢な姿勢が垣間見られると言えよう。

アダム・スミスが、この習慣をこきおろすことになった一八世紀後半には、さすがのイギリス人も大半が、「グランド・ツアー」を無駄使いと感じるようになっていた。金まみれとなったイギリス人青年たちの、大陸における行状が顰蹙《ひんしゅく》を買い、札束をかかえて、分かりもしない美術品を買いあさる彼らの姿が、「先進的」なヨーロッパ大陸の人びとの嘲笑の的になったからである。

こうして、大金を使って外国の遺跡を見てまわり、堕落した人たちの悪習に染まるよりも、国内を見てまわるほうが、将来のこの国を背負うジェントルマンの教育としては適切だという主張が浸透するのは、ようやく一八世紀も末のことである。

もっとも、この動向を決定的にしたのは、聖職者であったウィリアム・ギルピンが一七八二年に上梓した一冊の旅行案内『ワイ川の観察』であった。以来、イギリス各地の辺境を扱った『観察』ものとでも言うべき、旅行案内の出版が大流行となった。こうして、主としてイギリスの辺境の奇怪な、しかも一定の様式に合った風景を観賞して歩く、奇妙な旅の慣習——「ピクチャレスク」の旅——が定着したのである。そこには、折りから進行中の工業化に対する拒否反応として、文学や芸術の世界でロマンティシズムが浸透するのと同じ背景があった、と言えよう。

グランド・ツアーからピクチャレスクの旅への移行は、いわば「旅の輸入代替」であり、イギリスが文化情報の受容国から、その発信国に転換したことの証でもあった。わが国の若者たちが、外国への卒業旅行から、日本の秘境探索に転じる日は、いつか来るのだろうか。

14　生活文化の輸出国へ
——イギリス風ライフ・スタイルの成立と「世界システム」

非ヨーロッパ商品が創り上げたイギリスの生活文化

ソ連が崩壊してみると、東ヨーロッパには、一九世紀的な民族対立が噴出した。歴史には、政治的な枠組みや事件のような、どんどん変化していく目につきやすい現象もあるが、何世紀にもわたって変わらない、基底的なものもある。そうした、歴史の深部に横たわっている構造のひとつは、衣食住を中心とする生活文化である。社会主義政権の存廃にかかわりなく、ロシア料理はロシア料理なのである。このような「変化しないもの」への関心は、昨今の歴史学界のひとつの潮流となっている。

このような見方からすると、近代イギリスの生活文化は、どのようにして生まれたのか。また、それは近代世界の経済発展とどのように関連していたのか。結論から言えば、近代イギリスの生活文化は、圧倒的に一七世紀以降の「商業革命」、すなわち、非ヨーロッパ世界との貿易関係の爆発的な展開のもとに確立した。中世的・伝統的なイギリスから引き継がれたものは、むしろ少ないのである。

綿のワイシャツを身につけ、陶磁器の器で砂糖入りの紅茶を飲み、葉巻をくゆらせているジェントルマンの姿を想定すれば、このことはたちまち明らかになる。綿布も、磁器も、砂糖も、紅茶も、タバコも、こうもり傘でさえ、「商業革命」によって、アジアやアフリカやカリブ海を含むアメリカ各地から、イギリスに持ち込まれたものである。綿布はインドから東インド会社が輸入し、絹織物との激しい競争の末に、圧倒的人気を博したものである。砂糖は以前から知られてはいたが、茶と同様に、なお薬品として薬屋で売られたりしていたものが、カリブ海に奴隷制プランテーションが展開されたことで大量供給が可能となって、「食品」となったものである。

飲茶の風習は、およそ半世紀余りのコーヒーハウスの大流行を引き起こした。コーヒーや紅茶、チョコレートなどのエキゾティックな飲み物を飲みながら、不特定多数の人びとが自由に論争し合ったコーヒーハウスは、ピューリタン革命と通称されている内戦後に発達した。戦後社会に特有の階層秩序の乱れた、自由闊達な時代の雰囲気を反映していたのである。

最盛期の一八世紀初めには、ロンドンで数千軒を数えたこの種の施設は、情報センターと討議場の役割を果たし、そこでの情報交換と熱烈な議論のなかから、銀行・保険・証券取引などの経済活動や、政党、新聞・ジャーナリズム、文学・演劇、建築、王立協会、そして造幣局長官でもあった物理学者ニュートンに代表される科学など、近代文化の真髄をなす諸要素が生まれた。

ステイタス・シンボルとしての生活様式

「商業革命」は、イギリスが世界システムに本格的に組み込まれたことによって、可能になった。言いかえれば、近代イギリスの生活文化は、アフリカ人がカリブ海に運ばれて奴隷となり、東インド会社が、中国の農民の摘んだ茶を大量に輸入するようになって初めて成立したのである。「近代世界システム」の中核に座ることでイギリスは、ある同時代人が言うように、「地球の東の果ての茶と、西の果ての砂糖を組み合わせても、国内産のエール（ビールの類い）より安い」という状況に置かれたのである。

まさしく一六世紀のエコロジカルな危機からの脱出を図って、食糧や原材料の海外調達をめざしたイギリスの試みは、帝国植民地——その中心はジャマイカ、バルバドスなどカリブ海域にあった——の形成および「商業革命」という形をとって、大成功した。それまでのエールから茶への「国民的飲料」の転換は、このことを明確に示している。

イギリスの「生活革命」には、経済史的には、どのような意味があったのだろうか。そもそもイギリスでこのような「生活革命」が成立した背景には、すでに一七世紀初頭に、「奢侈（ぜいたく）禁止法」と総称された法体系が、世界で最初に全廃され、身分による消費生活への法的規制がなくなっていたという事実がある。人は、身

娼婦はヴィクトリア時代の笑い草になった。「ジョージ、あの女はあなたのことをよくご存知のようで」。*The Victorian Gentleman.*

「ヴェニスの商人」でポーシャを演じる女優エレン・テリー（1880年のライシアム劇場で)。*The Illustrated London News.*

分によって生活を規制されるのではなく、どのような生活をしているかによってその地位を判断されるようになったのである。そのうえ、ピューリタン革命時の内戦によって、階層秩序そのものもかなり動揺したから、非ヨーロッパ世界から来た新奇な商品をベースとする新しい生活様式が、いわばステイタス・シンボルそのものとなったのである。イギリスにおける消費競争の激しさは、外国人から「イギリス人の上流気取り（スノッビズム）」とからかわれるようになった。

こうして、全国民による消費競争が始まり、全国・全階層を包括する国内市場が確立した。近代的な意味での、「流行」もここからスタートした。消費が経済をひっぱる条件が成立したのである。

輸入代替産業の確立としての産業革命と帝国主義

しかし、いまひとつ重要な「生活革命」の経済史的意味は、それが結局は、輸入代替産業を成立させた点にある。実際、イギリス産業革命は、本質的に輸入代替産業から始まったのである。イギリスの「生活革命」が、圧倒的に非ヨーロッパ世界からの輸入品によって成立したことは、すでに見た通りである。およそ一世紀ほどの間に、そのうち工業製品にあたるものは、ほとんどが自給されるようになった。綿織物がその代表格であることは、明白であろう。

さらに、たとえば、陶磁器の類いも、同様である。すなわち、産業革命時代の経営者組織の中心であった商工会議所の初代会頭は、陶器業者ジョサイア・ウェジウッドその人であった。この事実は、陶磁器業が産業革命時代の最重要産業のひとつであったことを示している。しかし、このウェジウッドの陶磁器が、飲茶の風習と結びついて用いられたことは言うまでもないし、元来それが東洋の陶磁器業を模範としていたことも、よく知られていよう。

他方、インド北部やセイロン（スリランカ）に移植された茶に代表される農産物は、容易に自給ができなかったが、それもロンドンのキューガーデン王立植物園での品種改良実験を通じて、原産地からより好条件の帝国植民地に移植され、帝国内自給が図られる。カリブ海の西インド諸島やカルカッタ（コルカタ）など、帝国各地に張りめぐらされた植物園ネットワークの戦略的意味は、近年、ようやく本格的に解明されはじめたところである。また、イギリスがインドからさらに東方に進出したのは、明らかに、茶をはじめとする東方の食品、ステイタス・シンボルとしての食品を求めてのことであったと言われている。

生活様式の輸出

一七、一八世紀に成立したイギリスの「生活革命」は、フロンティアに展開した開拓時代のアメリカ植民地にも広がった。当初の生存ぎりぎりの生活を脱すると、飲茶の風習を中心とするイギリスの生活文化を、植民地人は経済力の許すかぎり、競って取り入れようとした。植民地における生活文化の「イギリス化」と呼ばれる現象である。アメリカ人の中核をなしたのは、イギリス人であったとしても、最初の移民が渡航した時代のイギリスには、まだ飲茶の風習はなかったので、アメリカ人が紅茶の文化に染まった――つまり「イギリス化」された――のは、よほど後のことであった。

ところで、生活文化は、あるまとまりを持った商品群によって支えられている。イギリス風飲茶には、茶と砂糖のほかにも、受け皿付きのカップやスプーン、シュガー・ボウル、ティー・タオルなどの商品群（「ティー・コンプレクス」）が不可欠である。

植民地時代末期のアメリカ植民地は、こうした商品群を大量にイギリスから買い付けた。イギリスの産業にとっては、膨大な外部市場が得られたのである。私見によれば、イギリスで、世界で最初の産業革命が起こった原因のひとつは、アメリカ植民地におけるこうした「雑多な」、つまり毛織物以外の工業製品への需要にあった。「生活様式」を輸出できれば、輸出市場は革命的に拡大する。いわば文化発信の経済的意味が、ここにある。第二次大戦後のアメリカ文化の世界への広がりとアメリカの経済的ヘゲモニーの間にも同様の関係が見られた。

イギリス的生活様式からの脱出――アメリカの独立

もっとも、「ティー・コンプレクス」を共通のシンボルとして「イギリス化」し、いったんアイデンティティを確立したアメリカ植民地人は、結局、それを共同してボイコットすることで、アメリカ人としてのアイデンティティを確立し直すことになるのだから、歴史というものは、単純ではない。

ボイコットは、七年戦争後から始まり、あらゆるイギリス商品が対象とされたが、とくに茶は、そのシンボルとなった。「ボストン茶会事件」が独立戦争の発端となったのは、偶然ではない。

イギリス製の毛織物を使わず、ホームスパンで登校することが、学生のあいだで流行となり、葬式の棺の飾りや参列者の装身具についてさえ、英貨をボイコットすることが、植民地人の連帯の印となった。イギリス経済を牽引してきた十三植民地向けの、（毛織物以外の）雑工業製品輸出は、いっきょに停止した。

アメリカは、当然のこととして、やがて紅茶文化からコーヒー文化に転換することになる。

15　刑務所と作法書の交換——文化の何を誇りとするか

繁栄の中心アムステルダム

一七世紀の世界の中心都市は、アムステルダムであった。世界経済のヘゲモニーを握った国は、ほぼ例外なく自由貿易を唱える。圧倒的な生産効率を誇るヘゲモニー国家は、自由競争さえ保障されれば、あらゆる側面で比較優位を確保できることは明白だからである。「自由貿易とは、最先進国の重商主義」そのものなのである。したがって、一七世紀のオランダのみならず、後のイギリスも、アメリカも、まったく同じように自由貿易を、その経済政策の基本とした。

しかし、自由貿易主義は、また、他の分野にもリベラルな雰囲気を生み出す。こうして、「世界経済」の中心都市には、あらゆるタイプの亡命者や難民が流れこむ。この点でも、一七世紀のアムステルダムは、後のロンドンやニューヨークと酷似していた。オランダで亡命生活を過ごした哲学者のデカルトやライプニッツは、後にロンドンの大英図書館で執筆活動に励んだマルクスや、進歩派青年貴族の「デカブリストの乱」に連座して祖国ロシアを追われ、同じくロンドンに活動の場を見つけたゲルツェンなど一九世紀ロンドンに蝟集した亡命文化人の先駆であったとも言える。そこで、経済のヘゲモニーと文化の関係を考えるために、一七世紀オランダの例を眺めて見よう。

オランダが輸出したモデル監獄

ところで、このアムステルダムで諸外国から来た観光客がもっともよく訪れた名所のひとつに、ラスプホイスと呼ばれたタイプの監獄があった。監獄といっても、ここでは、ログウッドという南米産の高価な染料木を破砕する重労働が科され、それによって犯罪者の性格を改善することが目的になっていた。[2]

この作業は、それ自体かなりの収入にもなったから、監獄の維持費に苦心していた支配階層にとっては、理想的なものと見なされていた。当時はなお、感化院・救貧院・精神病院・伝染病院（ペスト・ハウス）などの施設はもとより、なかには学校でさえ、監獄とそれほど違ったものとしては意識されていなかった。いずれも、何らかの意味で「ノーマル」とされた社会の周縁に位置した人びとを拘禁し、隔離する施設であり、そのなかで、ラスプホイスこそは、とくに刑法犯の懲罰・矯正・感化をめざす、近代的「刑務所」の最初のものと見られているのである。

「理想の監獄」であったラスプホイスは、その女性版であった(囚人に糸紡ぎをさせた)スピンホイスと並んで、アムステルダムでもっとも外国人の視察者の多い施設となった。そのことは、この施設の見学者名簿その他から容易に確認できるし、もちろん、当時のアムステルダムの名所図会などには、堂々としたこの監獄の図版がかならず載っている。外国人の旅行記にも、この施設のことが出てこないことはまずない。

イギリスでも、有名なベドラム精神病院などが、料金を取って、収容者を見物させていたような時代であるから、刑務所が観光施設となったこと自体は、驚くべきことではないが、この結果、オランダ国内はもちろん、フランスを含めて、ヨーロッパ大陸の全域でラスプホイス型の監獄が成立した。

例外は、イギリスのみであった。近世のイギリスには、すべての社会問題を、その広大な植民地に「押し出す」ことで解決するという強烈な志向が生じたために、刑罰制度もまた、天然の刑務所としての植民地に依存することになったからである。初めは、アメリカ植民地がイギリスの貧民や失業者、孤児とともに、各種の「犯罪者」を引き受け、アメリカ独立後は、オーストラリアがその役割を果たしたことはよく知られていよう。実際、一八世紀のイギリスでは、犯罪者の過半数は、「植民地送り」の判決を受けており、「投獄」などという社会的コストの高い刑罰は、ほんの数パーセントしかないのである。アメリカへなら、労働力として多少の代金を取ってでも売れる「囚人」を、国内で高いコストをかけて、囲っておく必要など、さらになかったからである。

フランスが輸出した作法書

ともあれ、オランダが、監獄のモデルをフランスなどに輸出したとすれば、オランダ人がフランスからもっとも熱心に取り入れた「文化財」は何だろうか。それは、ほかでもない作法書であった。一七世紀を通じてオランダでは、主としてフランス起源の各種の作法書が翻訳、出版され、版を重ねた。厳密にはフランス起源ではないが、一六世紀の高名な人文主義者で、イギリスで亡命生活を送ったエラスムスのものもベストセラーのひとつになった。

しかし、オランダ人は何ゆえに、作法書を求めたのか。一七世紀という時代、とくにその後半は、経済的にはオランダのヘゲモニーが確立して、それなりにヨーロッパが平和になった時代であり、戦争よりは外交が重要性を帯びてくる時代であった。一六四八年のウェストファリア条約は、三十年戦争を終局させ、近世ヨーロッパの国際関係の枠組みを作ることになった。ヨーロッパは、戦争がなくなったわけではないにしても、交渉を基本とする時代に入ったのである。イギリスでも、かつては国民的英雄とされたスペイン銀船隊を襲うカリブ海の海賊（バッカニア）たちが、こうして成立した国際社会全体の敵として見られ、処罰されはじめた時代であった。

超大国オランダは、この国際社会で、当然、主導権を握るはずであった。ところが、である。当時のヨーロッパで国際会議があると、そこに出席する各国代表は、そのほとんどが貴族であった。しかし、オランダ代表の多くは、レヘントと呼ばれた商人上がりの有閑階級、いわゆる「町人貴族」にすぎず、全ヨーロッパ的な基準では、貴族に数えられないものでしかなかった。したがって彼らは、会議では、つねに下座に置かれることになったという。経済上のヘゲモニー国家オランダも、国際社会では、なお、マナーも心得ない野卑な成り上がりの金満国家としか見られなかったのである。

しかも、時代は、まさしく全ヨーロッパ的に「上品さ」が求められる時代になった。人前で痰や唾を吐くことが不作法と考えられるようになったのも、この頃である。比較的富裕な階層の人びとがハンカチを携帯し、これで洟《はな》をかむようになるのも、この時代である。一般の人びとは、なお手で洟をかんでいたから、「ハンカチで洟をかむ人びと」は金持ちの代名詞であった。むろん、紙は高価でちり紙などというものは存在しない。食卓などのマナーも、今日のそれの基本は、この時代に成立したと考えられている。

こうしたマナーのほとんどは、フランスかイタリアの起源であったから、オランダ人の貴族文化コンプレックスが、高まっていった。経済面では世界システムのヘゲモニーは、生産、商業、金融の三次元からなっており、この順に確立し、この順に崩壊していく、と考えられている。しかし、文化のヘゲモニーは、さらに後にならないと確立せず、それだけ後までその栄光が残るということでもあるだろう。

監獄と作法書と「国民国家」

オランダにおける作法書の大流行は、こうして始まった。こうなると、フランスか、イタリアが模範になることは必然であった。

オランダからの刑務所の輸出とフランスからの作法書の輸出は、ともに近世という時代が「国民国家」の形成期にあたっていたことと関係していると見られている。すなわち、暴力を独占するようになった国家権力は、必然的に犯罪者のような「周縁的」な人びとを、より厳しく管理する必要を感じたから、「刑務所」が不可欠となった。

しかし、国家の成立は、国際社会の成立をも意味する。国家は、国内の周縁的な人びとを抑えこむ必要があったと同様に、国際社会でしかるべき地位と名誉を確保する必要もあった。刑務所制度と作法書の交換という、一見したところまことに奇妙な関係は、こうして「国民国家」形成期にあたっていた近世ヨーロッパ社会では、生まれるべくして生まれた現象なのである。

どんな文化を残すのか

『豊かさの困惑』と題する一七世紀オランダの国民文化の形成過程を扱った大著が、欧米でちょっとした話題になったことがある。おもに、絵画などのヴィジュアルな資料を使って、オランダにおける国民意識の成立を扱ったこの作品は、図像学を歴史研究に取り入れようという最近の学界動向から見ても、おもしろいものであったが、タイトルは、プロテスタントとして禁欲・勤勉を教えられてきたオランダ人たちが、世界一の金持ちになってしまったとき、貯まってしまった富をどのように使うべきか、困惑を感じたという意味である。バブル当時の日本人にも、よく似た困惑があったかと思うが、今は早くもそのような余裕もなくなってしまった。

世界経済のヘゲモニーを確立したオランダが、優れた固有の文化を発展させることができず、刑務所しか輸出できなかったのに対して、経済的には、ついぞヘゲモニー国家となることのなかったフランスが、ハイ・カルチュアの点でも、作法のような生活文化の点でも、優位に立つことができた。いかにも対照的である。

いかに繁栄した国といえども、いずれは「衰退」する。イギリスもそうだったし、アメリカもたぶん、そうなるだろう。むろん、わが国も例外ではあるまい。とすれば、われわれは「繁栄」の記憶として、どのような文化を世界に発信し、後世に残すことになるのだろうか。

16　ジョン・ブル印と芸者印
――ナショナル・アイデンティティの問題

日本のシンボルは何か

一九七〇年代初めのこと、英紙『タイムズ』は、当時、ようやくヨーロッパへの経済進出が目立ちはじめた日本に関する特集を何度か組んだ。そのとき、同紙のイラストレイターは、電気洗濯機に肘をついた浮世絵美人の挿画を描いていたのを、なぜか鮮明に記憶している。もっとも、当時よりは、よほど日本人や日本文化が身近になったはずの今でも、自動車や家電製品と浮世絵や歌舞伎というのが、西洋人の日本イメージの核にあるのではないかと思われる。それかあらぬか、日本に留学してくる留学生の関心も相変わらず、このどちらかに偏っている。

家電製品が象徴する現代日本の科学技術と、浮世絵が表示している伝統文化とは、われわれの頭の中でもなかなかつながらないものだが、西洋人にとってはなおさら、というのが実情であろう。彼らにとって「日本人」というのは、どこまでも不可解な存在であるようだ。

変わりゆくジョン・ブル

それぞれの国民には、そのイメージを代表するキャラクターが措定されていることが多い。アメリカ人を示すアンクル・サムとか、イギリス人にかかわるジョン・ブルとかいうものが、それである。もっとも、平均的イギリス人のイメージなどと簡単に説明されがちな「ジョン・ブル」に擬せられた性格は、歴史的にひどく変化してきており、一筋縄ではいかない。

ジョン・ブルというキャラクターは、初めは、一八世紀前半にイングランドで活躍したスコットランド人のあいだで創作されたと言われるが、少なくとも、次の世紀の初めにあたるナポレオン戦争当時までは、愛国主義的な政治的急進派のシンボルと見なされていた。ところが、いつのまにか、それは、勇ましく、質実剛健なイギリス人の代名詞となり、右翼ないし国粋主義や帝国主義のシンボルとさえなったのである。「愛国主義」という言葉そのものも、これと似た運命をたどったと思われる。今では、保守派、右翼のイデオロギーのようになっているものの、アメリカ独立戦争やフランス革命までの「愛国主義」は、明らかに革命派ないし急進派の財産目録に含まれていたからである。

しかし、これに対して、ジョン・ブルは、そもそも左右のイデオロギーとは無縁であり、単に重税に反対する中産階級のシンボルだったのだ、とする研究も公表されている。その意味では、ジョン・ブルは、重税のもととなる戦争には反対であり、本来、平和主義者だったというのである。

そう言えば、ありとあらゆるタイプの重税を背負いこんで、雄々しく生きるたくましいジョン・ブルの図像もしばしば見受けられる。

いずれにせよ、二〇世紀に入ると、ジョン・ブルには、こうした政治的党派性はほとんどなくなり、単に商品のトレード・マークと化していく。その場合は、主として「メイド・イン・イングランド」ないし「大英帝国」を誇示することに意味があったと思われる。たとえば、有名なタイヤ会社のトレード・マークにも使われたことからすれば、タフで耐久性が高いという含意をも持たされていたのかもしれない。

ジョン・ブルの死滅

しかし、ジョン・ブル印は、今ではトレード・マークとしてさえ、ほとんど死滅した。一九八七年のデータでも、イギリスの全人口の五パーセントは「有色人」である。「白人」のなかにも大量のアイルランド出身者やユダヤ人が含まれているから、いまや多民族国家そのものとなってしまった観のあるイギリスでは、ナショナル・アイデンティティの確立はきわめて困難な課題になっている。ジョン・ブルのイメージに平均的イギリス人のイメージを重ねることなど、まったく不可能になっているのである。黒人のジョン・ブルやターバンを巻いたシーク教徒のジョン・ブルは、なかなか馴染みにくいわけだ。

かつて、国民的統合のシンボルとして機能した王室が、その機能を果たせなくなってきているのも、別段、最近のスキャンダルのせいばかりではない。歴史をひもとけば、イギリス王室のスキャンダルなど、およそ珍しいものではないから、問題の本質はそのようなところにあるのではない。

むしろその点では、私としては、ロンドンの国立肖像画博物館で、エリザベス一世の大きなポートレイトの警備をしている黒人の職員を見たときの、名状しがたい衝撃を忘れることができない。今のロンドンに溢れているカリブ海の黒人奴隷の子孫やイギリス支配下のインド農民の子孫にとって、「イギリス人としてのアイデンティティ」は、王室やジョン・ブルには求められないのである。イギリスが多民族国家の様相を強めていくにつれて、ナショナル・アイデンティティの危機や国民的イメージの分裂は深まる一方である。他方、日本人の場合は、この分裂がむしろ、伝統的な日本と西洋的・近代的なそれとの間で見られると言うべきであろう。

「時代劇」のある国、ない国

英語には訳しにくい言葉のひとつに、「時代劇」があるが、英字新聞のテレビ番組欄などを見ると「サムライ・ドラマ」などと訳されているようである。それにしても、日本語としても、「時代劇」とは何のことなのか。国語辞典には「明治時代以前までの時代に取材した劇」とあり、「現代劇」と対応するものとされている。しかし、さらにさかのぼれば、歌舞伎の「世話狂言」に対応する「時代狂言」という言葉があり、「江戸時代以前」を対象とする芝居の意味で用いられていたから、要するに、「時代」とは「現代以前」のことであるらしい。

もっとも、「時代劇」と聞いて、今の日本人が普通に想起するのは、江戸時代であって、それ以前でも以後でもない。つとに「明治は遠く」なったのだが、今なお「明治」は「時代」にはなっていないらしい。とは言え、一葉や鷗外の文章をすらすら読める学生などはいなくなっているのだから、国語辞典の定義が、「太平洋戦争以前の時代」に変わってしまう時代もそう遠くないのかもしれない。

ところで、日本以外の国にも「時代劇」のような概念はあるのだろうか。むろん、シェイクスピアの作品にも歴史に主題を求めたものは多いし、その大半はいわゆる中世を対象としたものである。しかし、それらは単に「歴史もの」であって、歴史上の特定の時代に密着したものでもない。

イギリス人の歴史意識では、歴史の画期は、一〇六六年のフランス系ノルマン人による征服王朝の成立（いわゆる「ノルマン征服」）であり、産業革命でもなければ、世界大戦でもない。ただし、ノルマン征服はあまりにも古い出来事だから、それ以前のアングロ・サクソン時代を舞台とした芝居など、それほど書かれるわけはないし、そこに国民のアイデンティティを求めるわけにもいかない。

イメージは統合できるか

察するに、日本以外で明らかに「時代劇」を持っている国は、「西部劇」のアメリカのみである。先住民の人権に対する配慮のまったく欠けた、人種主義的偏見に満ちたストーリーが多かっただけに、このアメリカ版「時代劇」には、かつての勢いはないが、ともあれ、「時代劇」の概念は、その国民の歴史意識の投影であることに違いはない。「時代劇」を持つアメリカ人や日本人とそれらしいものを持たないイギリス人との違いは、おそらく、自国民の歴史について、強烈な断絶を意識している国民と、連続性を感じているそれとの違いである。そう見ると、冒頭に触れた洗濯機と浮世絵美人の『タイムズ』の分裂した日本イメージは、存外、日本人自身の歴史意識の投影であるのかもしれない。

その証拠に、同様の印象は、われわれのアメリカ史観にもある。実際、西部劇の舞台となった開拓前線のアメリカと摩天楼のアメリカとの間が、いっこうにつながらないままに、われわれのアメリカ史観が形成されているのである。

近代世界の基本的構成要素となってきた「国民」や「国家」は、よかれあしかれ、いまやいたるところでその内部から崩壊の気配を示していると言えよう。それを守るものがあるとすれば、生活文化以外にはありえない。本格的に言及する余裕がなかったが、「多民族国家」となったイギリスが、かろうじてナショナル・アイデンティティを保っているのは、ほかでもないその「生活文化」によってなのである。

バブルが崩壊して、町で見かける外国人労働者の数も、むしろ減り気味ではあるが、日本の生活水準が近隣諸国のなかで高い状態にあるかぎりは、外国人労働者の流入は続くはずである。「イギリス病」のイギリスにも、絶え間ない移民流入の圧力がかかりつづけてきたことを見れば、わが国に関しても、同じことが起こると予想せざるをえない。その時、問題のもっとも合理的な解決策が、いわゆる文化多元主義、すなわち、それぞれのエスニックな文化の価値を対等に認めることしかないことも、はっきりしている。それでも、日本が日本でありうるためには、生活文化のアイデンティティを確保する以外にはない。

1　峨々たる山、人知れぬ湖、何やら怪しげな岩や古木、そして壊れかかった四阿《あずまや》などが、必要な道具立てであった。旅行という観点からすれば、それは、いわば芭蕉の旅にも似た侘《わ》びさびの旅と言うべきであった。

2　この時代の囚人の多くは、刑法上の犯罪者というより、債務によって投獄された者であった。監獄は私営のものが多く、賄賂を別にしても、獄吏が手数料を取ることは公式に認められていたため、少額の債務で下獄した者でも、これが支払えないために、長期投獄される者があとを断たなかった。

料理用灯油ストーヴの新製品「アルビオネット」の発売広告（『ザ・グラフィック』誌掲載）。*The Illustrated London News.*

第４章　ヘゲモニーの衰退はどのようにして起こるか

17　オランダのヘゲモニーの衰退

ヘゲモニー国家オランダ

一七世紀のオランダは、当時の世界経済を牛耳る「ヘゲモニー」国家であった。この点では、一九世紀中頃のイギリス、第二次大戦後しばらくのアメリカに匹敵する存在であった。世界商業上のその地位の高さは、もっともよく知られているが、ライデンを中心とする毛織物工業やハーレムなどにおける造船業をはじめ、醸造業や窯業など各種の製造工業でも、一七世紀中頃のオランダは圧倒的な生産力を誇った。もっとも苦手と見られた第一次産業においてさえ、北海での漁業はもとより、農業もまた、近郊・換金作物農業を中心に「黄金時代」を迎えていたと言われる。

しかし、わが国では、近世のオランダ史は、イタリアなどのケースとともに、近代化の失敗例として、その弱点があげつらわれ、逆に、その華やかな繁栄ぶりはほとんど取り上げられてこなかった。このため、「オランダの失敗」の原因はいろいろ分析されたが、その繁栄の原因は追究されることも少なかった。

しかし、ひとつの国の歴史を、「結局は没落した」ことを理由に失敗だというなら、イギリスもまた失敗例でしかないことになる。アメリカも結局はそうなるだろうし、日本もまた、例外ではありえないだろう。実際には、典型的な資源小国であったオランダの盛衰は、日本の将来を考えるにあたって、大帝国となったイギリスや大陸国家アメリカの歴史より、はるかに重要なヒントを与えてくれるかもしれないのである。

螺旋状の成長と衰退

オランダの繁栄を支えた、もっとも重要な部門はバルト海貿易であった。一七世紀のアムステルダムの貿易の四分の三までは、バルト海貿易が占めていた。バルト海貿易は、穀物と造船資財――マスト材、船板の間に詰めるピッチ、防腐剤としてのタール――などをもたらした。こうしてオランダは、イギリスなどの競争相手に比べて、これらの原材料をはるかに安価に入手しえたために、その高度な技術を背景に、造船業の圧倒的な比較優位を確立しえた。このような背景のもとに、フライト船と呼ばれる新型船が開発された。この船は、バルト海のような比較的安全な海域で、木材や穀物のような「かさばる商品」を運ぶには、きわめて経済効率のよいものであった。オランダ海運業の優位は、保険料率が圧倒的に低いことでも実証されている[1]。

したがって、このことが今度は、逆に、イギリスに一桁違いの差をつけるほどの、オランダ・バルト海貿易の圧倒的優位をもたらしたのである。木材は、言うまでもなく、建築・造船をはじめ、当時のほとんどの産業にとって基礎戦略物資であったから、その意義ははかり知れないものがあった。オランダは、食糧も、原料も、十分には自国で生産できなかったにもかかわらず、アムステルダムは、それらの商品が世界でもっとも安価に、もっとも安定的に得られる市場となった。

造船業の優位を確保したオランダは、別にニシン加工船をも開発したが、これがニシン漁における優位をもたらし、同じ北海に面していながら、はるかに後れをとったイギリスの重商主義者たちを悔しがらせる結果になった。ニシン加工船の活躍は、大量の塩の供給と消費に結びつき、塩はまた、バルト海貿易の重要な輸出品となった。

つまり、オランダの繁栄は、徹底的に螺旋状の因果関係によって支えられていたのである。しかし、そのなかでも、圧倒的に重要な要素となったのは、金融の力であった。生産過程の優位は世界商業の優位と結びつき、それが、豊かな資本の存在に結びついた。こうして、一六世紀アントワープの短い繁栄の座を奪ったアムステルダム金融界は、一七世紀中頃には、ヨーロッパ経済を完全に押えたのである。むろん、こうした強力な金融力は、オランダの生産過程にとっても、他国より圧倒的に有利な条件となった。つまり、生産、流通、金融の三次元の間でも、他国に対する比較優位が螺旋状に影響して、すべての力が経済全体のヘゲモニーの確立へと向かったのである。

一七世紀末、当時としては驚異的に精緻なイギリス国民経済の統計的分析を残したグレゴリー・キングによれば、イギリスは一人当たり所得では、フランスには勝っているものの、オランダの後塵を拝している、としている。このような認識は当時のイギリスの識者のあいだでは常識であり、モデルとなるのはあくまで、なおオランダであった。

当時、すでにイギリスは、航海法を武器として、オランダの中継貿易を奪い、世界商業のヘゲモニーを確立していく過程にはあったのだが、なおオランダこそが先進国だという意識が、一般には強かったのである。このような意識は、この前後に流行した同様の国民経済分析――「政治算術」または「政治的解剖」と言う――すべてに反映されている。当時、オランダを超大国と意識したのは、鎖国下の日本人だけではなかったのである。このような意識が大きく変わるのは、次の世紀も後半のことでしかない。

「ヨーロッパの金庫」

しかし、この時代には、オランダ経済はすでに衰退過程にあったというのが、近代の大半の歴史家の見方である。一七三〇年代からは、とくに決定的な衰退が始まったと見なされている。むろん、衰退の過程もまた、ひとつの原因が次の原因を作るという、螺旋状の因果関係に突き動かされていったと言える。

もっとも、ここでも大切なことは、オランダの「衰退」も、普通言われるほど劇的ではなかったということである。世界商業のヘゲモニーを失うにつれて、有利な投資対象に事欠くようになったオランダの金融資本家たち――都市貴族層――が、近代化されはじめたイギリス金融市場に競って目を向けたことは、本書の初めの方で触れた。新たなヘゲモニーを争った英仏の対立抗争で、じつはいまやヘゲモニーを失いつつあったオランダの資金が、勝敗のゆくえを決する決定的なファクターとなったのである。

しかし、ことはそれにとどまらなかった。一八世紀後半になっても、ヨーロッパの中小諸国は、依然としてアムステルダム市場で資金漁りの競争を展開しているのである。少なくとも一七七〇年代に、金融恐慌に見舞われるまでのアムステルダムは、ヨーロッパの中小国家にとっては、政治的なヒモのあまり付かない唯一の資金獲得の場であった。このことは、近年、この時代の金融史の研究が進んで、つぎつぎと明らかにされている（次ページの図を参照のこと）。

つまり、ここでも明らかなことは、オランダの国際的影響力の低下は、かつてわが国の学者が強調したような、毛織物工業のような工業の衰退によって示すことなどできないし、しかも、その影響力は、実際のところ、よほど長期的に持続されたということである。この場合の決定的な要因は、資金力そのものにあった。一八世紀のオランダは、明らかに、二〇世紀のイギリスでシティに拠点を置いた、いわゆる「ジェントルマン資本主義」と同様に、金融資本主義として、世界の動向を、はるかに後の時代までも左右しつづけたのである。

長い衰退過程

I・ウォーラーステインは、生産・商業・金融のすべての次元でいったんヘゲモニ

図　アムステルダム市場で諸国政府が行った資金調達

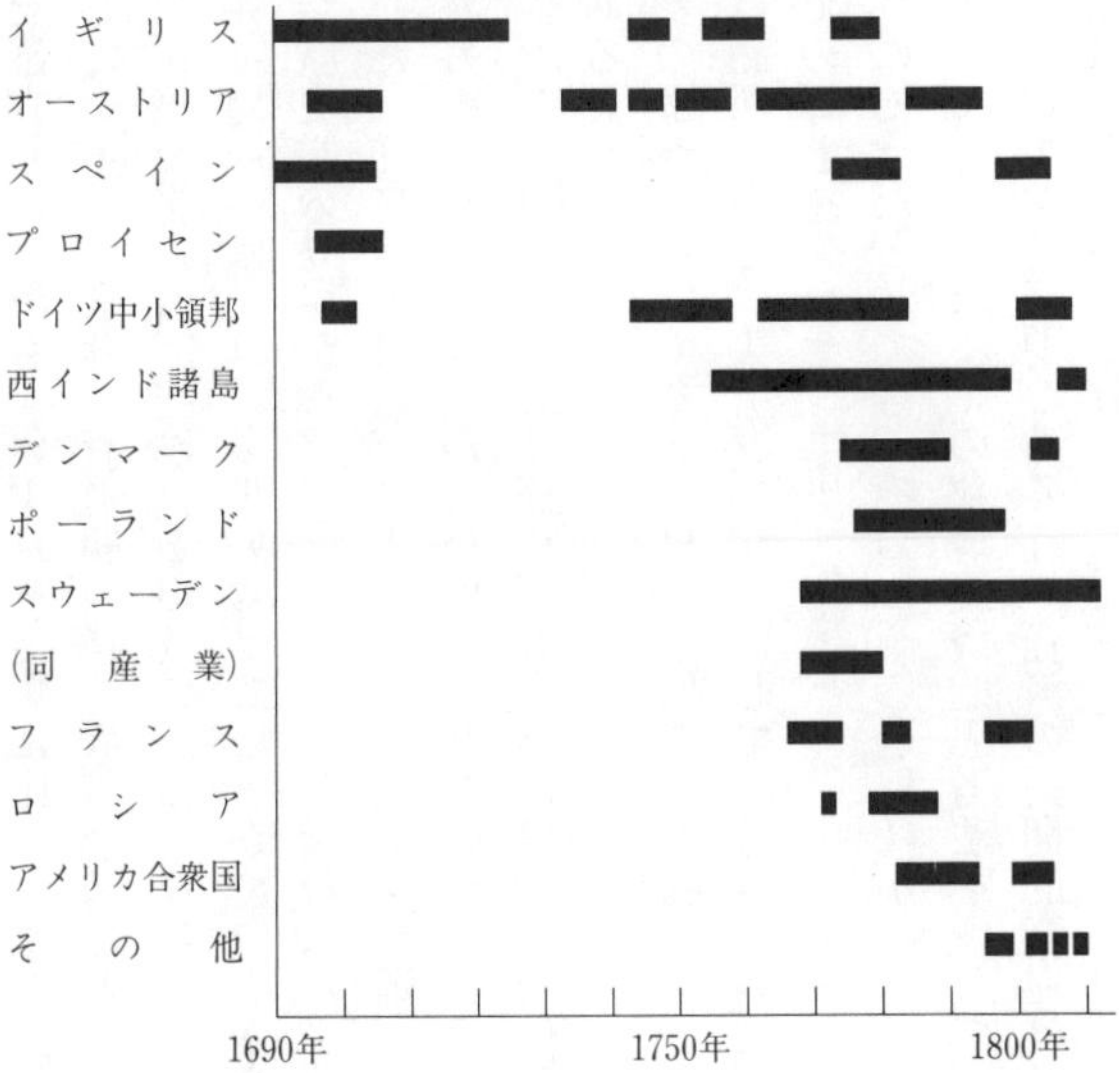

出典　J. C. Riley, *International Government Finance and the Amsterdam Capital Market 1740—1815,* 1980, p.65.

ーを確立した経済も、いずれその順に比較優位を喪失し、ついに「衰退」してしまうとしている。つまり、衰退期の経済は、金融に重心が移るということである。われわれの言葉で言えば、空洞化ということにもなろう。政策の如何によって空洞化とそれに伴う雇用の減少は、多少遅らせることができるかもしれないが、超長期の見通しに立つ歴史学の立場から言えば、そのことはむしろ必然であると言えよう。

ただ、逆に考えれば、このことは、経済「衰退」の過程が、普通われわれが考えてきたものよりは、はるかに長いものだということをも示している。今に至っても、オランダは「低開発」の状態に変わったわけでもない。イギリスについては、なおさらである。

このように見てくると、日本も同様の過程に入ったのかもしれない、と思われる兆候は随所にある。東アジアが台頭しているとはいえ、そのなかで結局、日本は、これまでの輝きを失って、「東洋のポルトガル」になっていく可能性もあろう。しかし、仮りにそうだとしても、そこに至る過程はかなり長いはずだから、その間に、われわれとしては、これまでの狭い経済的思考法を脱して、より広い立場で発想できるように心がけておく必要があろう。経済の長期的衰退は必然であるが、それを救いうるのは文化のみだからである。

18　「イギリスいまだ衰退せず」

イギリスの没落

『エコノミック・ヒストリー・レヴュー』と言えば、世界でもっとも権威のある経済史学会の機関誌であるが、一九九四年、同誌は、新会長に就任したイギリス人研究者、バリー・サップルの記念論文をもってその巻頭を飾った。「失敗への恐れ――経済史とイギリスの没落」と題するこの論文は、要するに、イギリス没落論への一種の反論であり、近年大きなうねりとなっている学界動向に棹をさすものである。

個人的なことになるが、バリー・サップルと言えば、ケインズ経済学と経営学の理論を振りかざして颯爽《さっそう》と経済史の世界に斬り込んだ、若き日のこの秀才の処女作に学部学生時代に遭遇したことが、私自身、この道に進むきっかけになった人物であった。それだけに、永年、畏敬の念おく能わざる思いでいたのだが、もはやかなり前のことになるだろうか、彼が日本の製鉄会社のテレビ・コマーシャルに出演したのには、一驚を喫した。遠く高い「モデル」としてイギリス近代経済史を研究してきた世代の、ある先輩にこの話をしたところ、「イギリスの凋落」の象徴のようなものだと長嘆息されたのを覚えている。

それはともかく、この巻頭論文における彼の主張は、要するに次のようなものである。

俗に「イギリスの没落」と言われているものには、三つの内容がある。すなわち、ひとつは、国際社会におけるイギリスの「相対的な」経済力の低下であり、いまひとつは、単に「工業力」の低下である。つまり、いずれの要素も、イギリスの「絶対的没落」を示唆しているものではない、というわけである。したがって、「イギリスの没落」は、絶対的には存在しないのだが、ドイツやアメリカ、日本に比べれば、比較的成長の度合いが低くなっていることは事実だし、製造工業から金融やサービスへの重心の移動——マンチェスターからロンドンへ——もたしかに起こった。しかし、たとえば、後者は、イギリス工業の脆弱さを示すと同時に、いわゆる「ジェントルマン資本主義」の強さをも示唆するものでもある。

とすれば、たとえば、一人当たりGNPの減少といった、実態としての経済の絶対的「衰退」がないのに、イギリス人がおしなべて「衰退」を口にし、恐怖感を抱いてきたのはなぜか。ここに、イギリス経済「没落」論の第三の意味がある。すなわち、実際には経済は成長しているが、それを上回る「欲求の拡大」があるということである。この「欲求の拡大」は、より高度に成長している他国の情報によって引き起こされるデモンストレーション効果と、資本主義そのものに内在する、需要拡大を喚起する心理作用によるものとも言えるが、いずれにせよ、そのメカニズムは十分には解明されていない。『「欲求の拡大」の社会経済史』を研究する必要がある、と言うのがサップルの結論である。

イギリスはなぜ「衰退しない」のか

たしかに、イギリスは、生活水準からしても、悪評極まりない国民健康保険制度にしてさえ、メキシコやペルー並みになったわけではないし、絶対的には、上昇こそすれ、下降などしているわけでもない。だからこそ、厳しい規制にもかかわらず、相変わらず旧植民地などからの移民流入もあとを断たず、この国をますますアメリカ並みの「多民族国家」の方向に押しやっているのである。考えてみると、少なくとも近代史上、「衰退」と言われているものは、いずれもこうしたものである。一七世紀のヴェネツィアや一八世紀のオランダも、盛りはすぎていたにしても、よく見ると、生活水準や福祉の水準が絶対的に低下したようには見えない。今後のことを言えば、アメリカもまた、同様の展開をたどるものと思われる。

しかし、こうした諸国のいわゆる「衰退」過程にあって、イギリスの特性と言えるものは何か。その最大の特質は、むしろその「衰退」過程が異常に長期に及んでいること、つまり、その「粘り強さ」にこそあるのではないか。経済学者や歴史家、政治家たちが、「イギリスの衰退」について警鐘を鳴らしはじめたのは、じつに一九世紀末のことである。

いや、それどころか、経済学者が自国の経済の「行き詰まり」を心配しはじめたのは、つとに産業革命時代のことであった。アダム・スミスも、マルサスも、リカードも、主として土地資源の限界のために、いずれはゼロ成長の時代、つまり「定常状態」に突入するのではないかという恐怖につきまとわれていたのである。そこからすれば、現実のイギリス経済は、いかにも長持ちしていると言うべきであろう。ともあれ、こうして、「イギリス衰退」論には、少なくとも二世紀以上の歴史があるのだ。イギリス現代経済史の特徴は、「衰退」そのものよりは、その意外な「粘り腰」にこそあるのだろう。

戦前・戦後の日本人は、イギリス近代史に「経済的成功の秘訣」を求めた。その結果は、かの大塚史学という壮大ではあるが、はなはだ権威主義的な解釈の横行となった。日本自体が経済成長に成功すると、このようなイギリス経済史が決定的に魅力を失ったのは当然である。今日から見ると、むしろ、イギリスの没落過程の「緩やかさ」こそが、われわれとしては模範とすべきではないか。これが本書で私のもっとも言いたかったことである。

これも個人的な経験であるが、一九七〇年代初めに、イギリスに留学したとき、日本人が「イギリス経済史」を研究することの意味を聞かれて閉口した。日本人にとって、イギリス経済の「成功ぶり」が「模範」なのだという、とくに東京を中心とする日本の学界の常識は、すでにこの頃から、イギリス人にはまったく理解されなかったからである。「成功のモデル」は日本にあるというのが、当時、すでに彼らの言い分であった。

最大の文化遺産としての英語

では、イギリスの「衰退」や「没落」はなぜそれほど「緩やか」なのだろうか。この肝心のポイントについては、今のところ二つの仮りの答えを示唆することしかできない。すなわち、大英帝国の歴史的意味という、われわれには真似のできない、また真似すべきでない要素と、ジェントルマン文化の力という、われわれにも十分参考になる条件とである。イギリスの経済水準や威信が「持続」した有力な条件のひとつである「英語」を見れば、この事情はよくわかる。

「英語」の経済的意味を測定した研究は、いまだ論文にも書かれていないが、それが、ほとんど測定不能と言えるほど大きいものであることは間違いない。しかも、英語に関するかぎり、なお二〇世紀のヘゲモニー国家アメリカのそれをさしおいて、イギリス英語こそが「正統派」とされているようにも見える。英語の書物は、自動的に世界が市場となる。日本人の著作のなかでも、じつにくだらないと思われるものが、たまたま英語で書かれているために、外国人からは異様に高い評価を受け、英語の不得手な研究者を歯ぎしりさせるというような光景は、どの分野でも、日常的に認められる。

ほとんどイギリス人に生まれたというだけの理由で、世界各地に「英語教師」としての就職口があるということも、厳しい就職難の日本の学生には羨ましいことであろうし、ドイツ人やフランス人も似たような気持ちを抱いているかもしれない。

第二次大戦後、イギリスの上流階級のあいだで流行ったものに「オ・ペア」がある。「女中さん」――今様には、「家事使用人」と言うべきだろうが――のなり手がなくなって、これまでの生活様式を守りきれなくなった貴族・ジェントルマンたちが、英語の実地勉強を希望する若い外国人女性を、家事と引き替えに住み込ませた制度である。今では、以前ほどには盛んではないようだが、それでも、男性なのに「オ・ペア」だと称していた北欧の若者が、不法就労に当たるかどうかが話題になったのは、ごく最近のことである。つまり「英語」は、イギリス人ならなり手がないようなタイプのサービス労働を、それもごく安上がりに獲得する手段とさえなりえたのである。

文化こそ最大の「経済的」遺産

このように見ると、目先の問題はともかくとして、少し長期的に見るかぎり、われわれ日本人が長期的に生き残っていくために本当に必要なものが何かが、はっきりとわかる。サップルの言う「『欲求拡大』の社会経済史」を展開して、「欲求」の暴走を押えることも大事かもしれないが、それよりは、他国に輸出できるほどの「生活文化」を確立することこそが、圧倒的に重要だということである。もっとも、このような意味での「文化」の確立には、大学の教育システムそのものからして、思い切った転換が必要ではあろうが、今進められている理科系重視の改革ほど見当違いなものはないということになろう。

19　二つの世紀末──一九世紀と二〇世紀

一九世紀の世紀末

「世紀末」という言葉がある。このことばは、常識的には、一九世紀末を指すことになっていると言える。しかし、考えて見ると、二一世紀の予測をたてるのに振り返るべきは、一九世紀というよりは二〇世紀そのものである。いまだに「世紀末」と言って、即座に一九世紀末をイメージしてしまう歴史家の感覚は、そろそろ是正しなければ、時代に即応していないことになりそうである。

一九世紀の世紀末というのは、イギリスをはじめとする先進国で、工業化と経済成長の陰で、貧困とスラムが広がり、社会政策、ないし社会改良の必要性が痛感された時代であった。ロンドンにはイーストエンドという巨大なスラムが発生し、周期的に景気が悪くなって失業者が町に溢れ、犯罪や病気が広がる一方、たいへん富裕な階層も出現した時代である。こうした資本主義経済のもたらした国内の歪み、社会の矛盾を、社会主義と福祉国家への道をたどることで緩和しようとしはじめた時代が、一九世紀の世紀末だったのである。

これに対して、二つの世界大戦を経験し、核の脅威をつねに背後に感じながら、エネルギー・環境問題という、解決困難な難問に直面しているのが、二〇世紀の世紀末だと言える。貧困や格差の問題も、一国内の問題というより、国際問題ないし全地球的な問題となってしまって、解決がいっそう困難になっているのである。

一九世紀の世紀末には、なお前方に、たとえば社会主義という希望もあったわけだが、二〇世紀のそれは閉塞状況そのものであり、はるかに危機的にも見える。

また、一九世紀の世紀末には、なお国内問題を、植民地をはじめとする国外に掃き出すことも可能であり、イギリスで言えば、ジョーゼフ・チェンバレンなどの、いわゆる社会帝国主義——対外的には帝国主義政策を採りながら、その利益で国内に福祉政策を展開する——が構想されたりもしたが、今では、そのような方法は解決にはならない。いまやすべての問題は全地球的で、国民国家の領域を超えてしまっているからである。

国民国家の閉塞

二〇世紀の世紀末は、閉塞状況だと言った。しかし、いったい何が閉塞しているのか。要するに、それは一六世紀ないし一九世紀を画期として始まった近代という時代そのものであると思われる。たとえば、近代が生み出した最大の遺産のひとつは国民国家であるが、これらの国民国家は相互に闘争を繰り返し、その行き着く先が二〇世紀前半の二つの大戦となった。戦争が「総力戦」の様相を帯び、「世界大戦」となったことをもって、これを一九世紀とは違う二〇世紀の特質とするのが、これまでの歴史家の常套的な説明である。

実際には、国民国家が起こした戦争が、「世界戦争」としてしか終結しえなかったのだ、と言うべきであろうが、それにしても、二つの大戦は世紀前半の事件でしかない。核兵器が出現した結果、むしろ「世界戦争」に拡大しそうな戦争は起こりようがなくなったのが、二〇世紀の世紀末の現実である。国民国家は、いまや自立して行動ができるわけではない。

しかし、近代が生み出した最大の遺産は、言うまでもなく資本主義そのものである。資本主義は、それが順調に発展しなければ問題になり、発展すればしたで深刻な問題を引き起こす、やっかいな存在である。一九世紀、イギリスなどのいわゆる先進国では、資本主義の発展とともに、その発展がもたらす弊害を批判し、その改善を目指す社会主義もまた発展していった。一九世紀の資本主義と社会主義は、今日の時点から見れば、明らかに一見対立しつつ、相互補完的なものであったと言える。社会主義が資本主義的「世界経済」の補強になったという、I・ウォーラーステインの主張に賛成せざるをえない点である。

二〇世紀に入って、ソ連をはじめとして、現実の社会主義政府が成立すると、なおさら資本主義政権はこれを意識しつつ、自らの社会政策を展開せざるをえなくなったから、表面上の対立にもかかわらず、その補完関係はさらに強まった。とすれば、二〇世紀の世紀末に至って、社会主義政権の多くが崩壊したことは、資本主義的「世界経済」にとっても、批判勢力の喪失という意味で深刻な打撃となるはずである。資本主義が勝利して「歴史が終焉」したなどという気楽なアメリカ人学者の主張は、まったく論外である。

近代の第三の遺産は、工業化・都市化・持続的経済成長などである。しかし、これらの動きはいずれも、資源・環境問題を軸とする超えがたい限界に突き当たっていると言うべきである。「工業化」や「経済成長」の達成方法を教えてきたさまざまな社会科学は、いまや目標そのものが「反社会的」とさえ判定されかねない状況にある。同様の役割を果たしてきた科学技術も、同じである。いっそうの成長、いっそうの都市化を進めるような技術や学問は、地球環境の保全という立場からすれば、それ自体、好ましからざる存在とさえなりうる可能性がある。

世界システムの閉塞

近代の特徴を世界システム、つまり世界的分業体制の成立としてとらえるI・ウォーラーステインなどの発想からすれば、一六世紀に始まる近代史において、他の諸国を圧倒する経済力を確立した、いわゆる「ヘゲモニー国家」は、一七世紀のオランダ、一九世紀のイギリス、および二〇世紀のアメリカの三ヵ国しかないことになっていることは、前にも触れた。この歴史観によるかぎり、一九世紀の世紀末は「パクス・ブリタニカ」の終焉期にあたり、二〇世紀の世紀末は、ほかならぬ「ポスト・アメリカ」の世界ということになる。

ここには、近代の世界システム――それはヨーロッパ・アメリカを中核とし、資本主義的な性格を帯びた「世界経済」であって、政治的に統合された世界帝国にはなっていない――自体が消滅しつつあるのか、それともやがて別のヘゲモニー国家が出現するのか、という根本的に判断の分かれる問題がある。

新たなヘゲモニー国家の出現となれば、その可能性は東アジアに求める人が多いが、実際には、その可能性は低いであろう。時代は、すでに国民国家の枠を超えているのであり、来るべき競争は、より広域の地域間で生じるはずである。この意味では、少なくとも国民国家を基本的構成要素として、それが夜空の星座を示す図のように連なったものとして認識された、従来のタイプの世界システムは、その存続をやめるのではないか、と思われる。そういうものとしての近代は終焉しつつあるのではないだろうか。

広域間の対抗となれば、東アジアにはＥＵやアメリカに比べて、たとえばヨーロッパのキリスト教文化にあたるような共通の文化統合がないだけに、その経済発展には、早晩、限界があるような気がする。日本の経済発展の限界が、すでに欧米の経済史の専門家のあいだでも、当然のことのように語られていることも、すでに述べた通りである。

社会の閉塞

次に、国際関係や世界経済の枠を離れて、社会史的な要素を考えてみる。近代世界が生み出した社会史的諸要素は無限にあるが、たとえば、とくに研究の進んだ家族構造については、どのようなことが言えるか。近代のヨーロッパ世界は、本質的に家族が本来持っていた機能をつぎつぎと喪失していった歴史だと言える。中世の家族は、それ自体、生産労働のティームであり、消費のティームでもあった。農家の生活を考えてもらえば、これらの事実は容易に理解できよう。しかし、生活が商品化されるにつれて、衣服、燃料、食料などがつぎつぎと自給されなくなり、商品としてカネで買われるようになっていった。この過程は、産業革命を契機とする妻子の家庭外労働の展開、その結果として、家族が労働共同体としての性格を喪失していく過程でもあった。同時に、戸主が持っていた妻子に対する生産技術などの教育者としての機能も、失われていった。

こうした過程は最終的には、保育や調理のような機能をも商品化させ、外注に頼る結果になってしまう。山で薪を採る父はもとより、漬物を漬ける主婦、子供服を縫う母の姿が消えていったのが、近代の家族史なのである。

もっとも、このことは、逆に、女性の解放、社会進出の盾の反面であったことは言うまでもないが、いずれにせよ、この過程も今ではほぼ限界に達し、これ以上の進行は、家庭というもの自体の消滅を意味するところまで来ている、と言えよう。

これと並んで、近代がもたらした大きな社会変化に、たとえば時間の観念の転換があったことには、すでに言及しておいた。すなわち、本来あまり明確な区分のなかった労働と生活ないしレジャーとの分離が、工場やオフィスを中心として時間給労働が成立したことから、いっきょに進行した。労働者が資本家に売り渡した時間、つまり労働時間とその他の自由時間との区別が明確になり、近代の労働運動は、一九世紀初頭のイギリスにおける工場法の制定以来、労働時間の短縮――その裏側での労働の強化による生産性の向上があった――を、ひたすらめざしてきたと言える。

今でも、さらに極端な労働時間の短縮を予想したり、希望したりする人が多いものの、この点でも、そのような近代の歴史傾向の直線的な延長としては、もはやことは進行しないはずである。ことはふたたび、労働とレジャーの融合の方向、つまり、単なる「余暇」よりは「やり甲斐のある仕事」を求める方向に転化していくのではないか。

何が終わろうとしているのか

こうして見ると、二〇世紀の世紀末は、まさしく何かの「終わり」、別の何かの「始まり」を意味しているように思われる。ここに今、終わろうとしている何かとは、明らかに主として一九世紀が生み出し、二〇世紀にそれが極限まで展開した、われわれが「近代的」なものと称してきたものであることは間違いない。

20 「産業革命」はあったのか

二〇世紀の持つ意味

一九世紀と二〇世紀の二つの世紀末の違いを、もっともよく反映している歴史の概念は、「産業革命」論であろう。われわれが「産業の空洞化」をもって、日本経済の危機だと言う場合、そこで意識されているのは、今なお主として製造工業である。つまり、脱工業化が叫ばれて久しいものの、なお大局的には、われわれは工業化社会のなかにいるらしいということである。産業革命こそは、なお、現代社会の起源だと言うことができるわけだ。

したがって、歴史家が、産業革命をどのようなものとして意識してきたかは、それぞれの時代を映す鏡となっている。

綿工業や鉄工業の技術革新、鉄道をはじめとする交通革命などに代表される「イギリス産業革命」の一般的なイメージについては、教科書的な常識である。この概念は、一九世紀末、社会改良の対象となるべき、諸々の社会問題が発生した根本原因として、アーノルド・トインビー（『歴史の研究』で知られる文明論者のアーノルド・トインビーは同姓同名の甥にあたる）などによって創り上げられた。しかし、二〇世紀の世紀末の今、イギリスの学界では、実はイギリスには、「産業革命」と言えるほどの社会変化はなかったのだとする、やや極端に言うと「産業革命不在」論とも言える主張が台頭しているのである。

したがって、「産業革命」という概念の成立から、今日までの変遷をおおまかにたどれば、われわれが二〇世紀の持つ意味を考える上で、何かヒントが得られるはずである。こうした角度から見れば、産業革命論そのものの変遷は、きわめて興味深い。産業革命論は、その成立から現在に至るまで、おおむね四つの段階を経過したと思われる。

古典的産業革命論——一九世紀末

「産業革命」という歴史学上の概念が成立したのは、一九世紀末のことである。普通、この概念の創始者と見なされているアーノルド・トインビーは、オクスフォード大学で教鞭をとるかたわら、ロンドンにできた世界最大のスラム、イーストエンドの改良運動に身を投じた人物である。社会改良家としての彼の名声は、今もイーストエンドに生きている貧民救済施設、トインビー・ホールにその名残りをとどめている。

トインビーにとって、産業革命とは、現実に眼のあたりにしている近代都市の貧困や犯罪といった諸問題の歴史的起源そのものであった。とくに、牧歌的な農民の生活や、親方のもとで職人や徒弟が家族的なつながりのなかで暮らしていた従来の都市住民の生活が、時間を単位として労働力を売り買いする、はなはだドライで、人情味のない、資本主義的な雇用関係に置き換えられたことが問題なのであった。

こうして、トインビーに限らず、初期の産業革命論者のほとんどは、機械と動力の導入による生産力の革命的な上昇を讃美するというよりは、それがもたらした社会悪に関心をよせ、事実、産業革命によってイギリス民衆の生活水準は低下したと主張した。この議論は、生活水準論争における悲観説としてよく知られているところである。一八世紀と一九世紀の境目に、イギリスでは、「革命」と言うほかない劇的な経済・社会の変化が起こり、それによって生産力は上がったが、民衆の生活は悪化し、都市にスラムが拡大したというのが、一九世紀の世紀末における最初の産業革命論の骨子であった。

しかし、そこには、同時に、生産力が高まり、パイは大きくなったのだから、分配を平等にすれば、つまり、社会政策ないし福祉政策を採用すれば、民衆の生活水準は向上するに違いないという、明るい信念もまた表明されていた。永らく、わが国の高校世界史の教科書に記載されてきた産業革命論が、これである。

楽観論――二〇世紀前半

このような悲観説に対して、一九二〇年代に入ると、批判的な研究が出はじめる。第一次大戦が終わり、ロシア革命はあったものの、ヨーロッパやアメリカが戦後復興のブームに酔いしれた時代である。とくに、アメリカ人は、大統領自ら、「アメリカの任務は商売である」と豪語するほどであった。資本主義には、没落あるのみと信じていた硬派のマルクス主義者でさえ、「資本主義の相対的安定期」と名づけざるをえないような時代だったのである。こうなると、工業をベースとする資本主義経済が、庶民の生活水準を低下させたという学説は、何やら信じがたいものに見えはじめた。

こうして、イギリス産業革命は、「革命」と言うほど劇的に起こったことではなく、何百年という長期にわたって生じた変化であり、しかも、それによって民衆の生活水準は明らかに上がったのだと主張する者が多くなった。連続説および楽観説と呼ばれる特徴を持った産業革命論が、これである。産業革命が成長させた近代の資本主義経済の持つプラスの側面が、前面に押し出されたものと言えよう。先の悲観説がロンドン大学を中心とする改良主義的な社会主義者に支持されたのに対し、この新学説は、ケンブリッジ学派の経済学者たちの支持を得たことも特徴のひとつであった。

むろん、このような繁栄は長続きはせず、一九二九年の大恐慌が引き金となって、ナチズムやファシズムの台頭、第二次大戦へと二〇世紀第二・四半期の激動が始まってしまう。この大失業時代を反映し、ひたすら失業と物価、賃金の問題に関心を集中した産業革命論も生まれた。

しかし、そこでも、工業の発展が失業を生むというよりは、工業の不振が失業を生むと考えられ、悲観的な古典的産業革命論はかならずしも復活しなかった。ただ、資本主義は、景気変動によって失業者を生み出すから、社会政策によってこれを救済する必要があるという点が強調され、この時代の産業革命研究は、イギリスの福祉国家政策と密接に結びついていった。このような立場を代表したのが、イギリスにおける福祉政策の推進者として知られるベヴァリッジ卿であった。

南北問題と産業革命——二〇世紀後半

ところが、第二次大戦後、二〇世紀の半ばになると、人類史の最大の課題として、南北問題、つまり国際格差の問題が浮上する。これを背景として、産業革命論はふたたび大きな展開を見せるのである。すなわち、産業革命ないし工業化の結果を圧倒的にプラスととらえながら（超楽観説）、連続というよりは、短期間に劇的な変化があったことを主張する（「産業革命説」）成長経済学の立場がそれである。

地球上の諸国を、先進国と後進国に分かつ決定的な違いは、産業革命を経験したか否かであり、これを経験した国は、以後、つねに持続的に経済が成長する。したがって、南の低開発国にとっては、北の先進国の産業革命の歴史を研究し、これを真似ることが先進国の仲間入りをする近道である。このような主張を持った産業革命論は、W・W・ロストウによって一般化された。彼が、産業革命を「持続的経済成長」の起源と考え、それを航空機が飛行場から飛び立つ姿になぞらえて、「経済の離陸（テイク・オフ）」と名づけたことは、よく知られている。

ともあれ、こうして、古典学説では、民衆を都会の貧困と犯罪、病気と喧騒のなかに投げ込み、不幸をもたらしたはずの産業革命が、現実には、世界中の国々の指導者がこぞって熱望する国家目標ということになったのである。ここには、世界の国々がことごとく「工業化」され、「先進国」になるなどということがありうるのかという疑問は、問題にされなかったのである。

しかし、二〇世紀の世紀末にあたる今日、産業革命論は、二つの側面で、またもや大きな展開を見せている。すなわち、世界システム論の台頭とイギリス経済史研究の変化とである。前者は、近代の世界がひとつの生き物のように、システムを成していると考え、政治的にも、経済的にも特定の国民国家がまったく自由に行動することはできない、とするものである。

世界システムには、つねに中心となる諸国と、いわば搾取の対象となる、原料・食糧などを供給する従属的な地域が必要であり、すべてが均質になることはありえない。工業化された「先進国」のコースをなぞろうとしても、すべての国が「先進国」になってしまうことは、構造上不可能である。

世界がこのように一体化されたのは、つとに一六世紀のことであり、西ヨーロッパを中核とし、ラテンアメリカや東ヨーロッパを従属地域としてこのシステムは成立した。ここでは、産業革命は、近代史の始まりなどではないし、すべての国に可能なことでもない。つまり、歴史の画期としては、世界システムそのものの成立や（これから起こるかもしれない）その消滅・転換ほどには、大きな事件ではないことにもなる。世界システムの構造は、一六世紀から今日まで一貫しているのである。

世界はもはや、ひとつひとつの国民国家のレヴェルでは物が見えない時代になっているので、国別に見られてきた産業革命論は、片隅に追いやられざるをえないことになるのである。

しかし、ことをイギリス国内に限っても、社会史に代表される近年のイギリス歴史学界の動向は、もっと直接的に産業革命不在説とも言うべき傾向をたどっている。この状況を詳しく説明する余裕はないが、要するに、特定の地域ではなく、全国的に見れば、経済成長率も産業革命で急に変化したわけではないし、工場の数などはなお限られたものでしかなかったから、一般の人びとの生活も、それほど変化したわけではない。それどころか、手工業者はかえって数が増え、事実上の徒弟制度も続いた。「政治の実権は、伝統的な支配者である地主ジェントルマンと、彼らと生活文化や価値観を共にした大商人・金融業者、つまりロンドンのシティが握っており、マンチェスターやバーミンガムの経営者がイギリスを動かしたことは一度もない」。こうした見方が「ジェントルマン資本主義」論として、近年きわめて活発に主張されていることには、しばしば言及してきた。イギリスの大富豪を分析した結果も同様で、製造工業が大富豪を生み出した例はあまりなく、第一級のそれは、シティにおいて生まれたのである。

つまり、産業革命のふるさとであったはずのイギリスでさえ、産業革命はそれほど大きな意味のない事件だったのではないか、という疑問が生まれているのである。これをイギリス人の自信喪失と見ることもできるし、また、このように見れば、これこそ遅ればせながら、本当のイギリス・ブルジョワ革命だと言われたサッチャー革命の意味も、わかりやすくなるかもしれない。しかし、それにしても、イギリス経済が工業経済になったことは一度もないのだということになると、経済学をはじめ近代の社会科学の多くが、「イギリスの産業資本主義時代」なるものを前提として組み立てられてきただけに、これまでの社会科学全体が、その基盤を失いかねないことにもなる。

イギリス産業革命不在論の台頭、すなわち「ジェントルマン資本主義」論の台頭が、「近代」全体の終焉を象徴している可能性があると考える、ひとつの理由はここにある。

他国を低開発化しない工業化は可能か

イギリス人が、近代工業社会が、かならずしもそのままで理想的な社会ではないことに気づいたとき、「産業革命」という概念が創られた。しかし、福祉国家政策を通じて社会改良が進むと、かえって現状に自信を抱いた人びとが、イギリス社会に幸福をもたらしたものとして、「産業革命」を捉えなおすようになった。さらに、第二次大戦後の成長経済学的な立場は、同じく、人類にとっての福音としての産業革命という考え方を、いわゆる南北問題にストレートに適用して、これを理想とした。

しかし、南の国も結局は工業化を果たすはずだとするこうした考え方は、仮りに、地球上の全国家が工業化されたとき、エネルギーや環境の点で、地球は持ちこたえられるのかという問題だけを考えても、不可能であることが明白となっている。「東アジアの勃興」と言うとき、東アジアの全人口が、たとえば現在の「先進国」の生活をした場合に、地球規模で生じるはずの諸問題を、考慮の外に置くべきではない。

そもそも、支配的な地域と植民地のような従属的な地域とが組み合わせられないかぎり、世界は成り立っていかないのかもしれないと言うのが、世界システム論の基本的な立場である。イギリス人の歴史家のなかに、「産業革命」など、そもそもなかったのだということにしたいと思う人びとが多くなってきたのも、不思議ではない。もっとも、このような主張は、核兵器を持ってしまった「先進国」が、核拡散防止を言うのに似ている気配がなくもないのだが。

二〇世紀の世紀末とは、一九世紀が「国民国家」をベースとして作り上げた近代世界を全地球化し、結局、「はけ口」のない解決不能な壁に突き当たった時代だと言えよう。二一世紀は、国民国家の枠を超えた広域をベースとする新しい世界システムの展開となるのではないだろうか。それにしても、EUの統合も容易ではないようではあるが、東アジアの統合などということは話題にものぼっていない。とすれば、日本は、近世ヨーロッパの勃興過程との対比で言えば、この書物がしばしば引き合いに出してきたオランダどころか、単なる先触れとして、ポルトガルの役割で終わるのであろうか。

21　アジアは勃興しているか

「アジアの復活」と言うべきか

東アジア経済の勃興は、いまや誰の目にも明白な事実である。と言うより、「アジアの世紀」を謳いあげるのが、ジャーナリズムの世界では、トレンドとなっているかのようである。いや、「アジアの勃興」自体は自明であって、問題はむしろその原因が何であるかだというわけで、「儒教の倫理」を持ち出してみたり、もともと近世における「ヨーロッパの勃興」そのものが、アジアの技術や文物による刺激によって起こったものであり、「西洋の優越」が見られた「近代」という時代のほうが、歴史的にはむしろ例外的な時代だったのだと主張したりするのも、歴史学界では、ひとつの流行になっている。今のところ、曲がりなりにもそのアジアの先頭にいるのが日本だということもあって、このような「学説」は、とくに一般読者の耳には心地よいのであろう。

たしかに、ヨーロッパが初めから世界のリーダーであり、今後もそうであり続けるだろうというような、非歴史的な「ヨーロッパ中心史観」は、明らかに間違っている。近代ヨーロッパの成立には、イスラム圏やインド、東アジアなどの影響がきわめて大きかった。たとえば、中国に発した紙や印刷術がカトリック教会の知識の独占を打ち破り、これも、中国で生まれた火薬が、戦場における騎士の意味を低下させ、封建制度を崩壊させた。また、イスラム教徒が守ってきた古代のギリシア・ローマの文化がルネサンスの原動力となったことは、教科書的常識である。

イギリスをはじめとして、西ヨーロッパ諸国の工業化の柱となった綿織物工業も、明らかに、インド産綿布の輸入代替産業として成立したものである。中国の茶が、工業化時代のイギリス人の朝食を構成したこと、また、それが工業化にとってよほど重要な意味があったことも、すでに触れた通りである。

しかし、だからといって、工業文明の基礎がもともとアジアにあったとか、いまや「アジアの時代」だなどと言って読者におもねるのは、いかにも軽はずみだと言うほかない。

つい先日までの「アジア的停滞」

じつは、わが国の歴史家の世界では、戦後長いあいだ、アジアには、なぜか、どうしても西洋に追いつくことのできない事情があると考えられ、その事実をマルクスにならって、「アジア的停滞」という言葉で表わしていたのである。というより、「アジア的停滞」の原因を探ることが、歴史家の使命と考えられていたのである。たとえば、アジアの農業は、灌漑を基礎としているために、灌漑施設を押える者が独裁権を持ち、「アジア的専制政治」が成立したとか、共同体がこれを握っているために、西洋のような個人主義が成立しなかったのだし、そのために近代化が困難になったのだなどという学説もあった。イエ制度が槍玉にあげられることもあった。いわゆる「儒教」的な倫理にしても、まさしく「アジア的停滞」の原因としてこそ、取り上げられていたのである。

ところが、そのうちに、日本が戦後高度成長期に入ると、アジアのなかでも日本だけはちょっと違う、と考える人びとが出現した。つまり、経済成長を達成しつつある日本は、地理的にはアジアにあるが、歴史的には、欧米の「仲間」だと言われるようになった。自由人と自由人の間で交わされる契約関係――所領の下封と引き替えに、戦闘参加の義務を負う――としての「封建制度」が、日本と西ヨーロッパにだけ存在したことに目をつけ、これを「近代化」の必須条件としたのは、駐日大使でもあったE・O・ライシャワーなどであった。つまり、日本と西ヨーロッパだけが「近代化」したが、残りのアジアは絶望的に「停滞」するしかないと言うのが、この学説の言外の意味であった。

そこから、冒頭に触れたように、多くの人びとが「アジアの時代」を高らかに謳い上げるようになるまでに、ほとんど時間はかからなかった。ヨーロッパだけが「近代化」ないし「資本主義化」でき、日本を含むアジアは、絶対的に「停滞」するしかないのだと考えられていた時代には、「プロテスタンティズムの倫理」が「資本主義の精神」の誕生に関係していたのだと言う、マクス・ウェーバーの学説がありがたがられた。「儒教」などに侵されているアジアは「停滞」するほかないと見なされていたのである。ところが、やがて、「日本だけはヨーロッパ並み」となると、日欧に共通するものとして、「封建制度」の経験が決定的ファクターと見なされたわけである。

ここまで言えば、「アジアの世紀」になったからといって、「儒教倫理」を持ち出すほど馬鹿ばかしい議論もないことが、容易に理解されよう。そうした議論は、いずれも現実を後追いする弁解のようなものにすぎず、あまりにも安易と言えよう。

ヨーロッパ近代の「物差し」

とはいえ、経済指標から見て、アジアがおおいに「勃興」していることは事実だと、反論されよう。しかし、ここにひとつ決定的な問題がある。アジアが「勃興している」とわれわれが言うとき、そこで用いられている物差しは、すべて近代ヨーロッパ起源のものだということである。

GDPなどと言う「生産」の概念にしてしかり、「経済成長」の概念にしてしかりなのだ。今の状況は、ヨーロッパ近代人の「物差し」で計って見ると、「アジアが勃興」しているというのが、現実なのだ。アジアは、アジアに固有の価値観や固有の幸福観に基づいて、「勃興している」のではない（そうは言わない）のだ。ことは、アジアがヨーロッパ的になりつつあるということであって、それは、ヨーロッパ世界のアジアへの拡大でしかない。アジア人が、たとえば「儒教倫理」に従って、独自の

「生産」の概念を打ち立て、それを基準として「勃興」していると言えるのでなければ、「ヨーロッパ時代の終わり」、「アジアの勃興」とは言えないように思われるが、いかがであろうか。

というのは、二〇世紀の世紀末の今、危機に陥っているのは、まさに近代ヨーロッパの「物差し」そのものだからである。公害や環境破壊の問題は、まさしく、人間にとって「有用なモノとサービス」の生産だけを「生産」として計算し、その極大化を図ってきた生産の概念と深い関係があることは、明白である。そうした「生産」活動につきまとう、負の生産――公害などエントロピーの蓄積――を度外視してきたのである。

さらに、市場で商品として売られるモノやサービスだけが「生産」に数えられたという事実もある。孫がおじいさんにしてあげる肩たたきはもとより、「定年」になったそのおじいさんや主婦が、家庭内で行なう家事労働でさえ、近代国家の「生産」統計には表わされていない。

ヨーロッパ近代の「物差し」とは違う「物差し」を見つけないかぎり、「アジアの勃興」はありえない。今アジアに起こっていることは、長い歴史の観点からすれば、本質的にヨーロッパ資本主義のアジアへの拡大、世界システム論風に言えば、ヨーロッパを核とする資本主義的な「近代世界システム」の中核部分の拡大、ないしその移動を意味するにすぎない。しかし、この「世界システム」自体、「アメリカのヘゲモニー」の衰退とともに、いまや瀕死の状態にあるというのが、ひとつの常識である。

何が「生産的」なのか

古典的な「産業資本主義」の概念を前提とする「アジアの勃興」論や「アジアの復活」論では、結局、地球規模でのヨーロッパ型経済発展の行き詰まりを乗り越えることにはならない。今必要なのは、新しい価値観そのものなのであり、それをもとにした新しいタイプの「発展」なのだ。自然を愛し、自然と調和を保ってきた、まさしく伝統的なアジアの価値観と調和のとれた「物差し」が必要なのである。

つまり、工業生産の展開を唯一の「物差し」とする「成長」や「国富」の概念――アダム・スミス以来の近代の経済学の世界――を離れて、新しい価値基準を創ることが不可欠なのである。この新しい基準は、当然これまで「生産活動」と見なされてきたものが生み出す「反生産」――公害や環境破壊――を同時に計測できるものでなければならないし、これまで「生産的」とは見なされなかった非市場経済にかかわる活動――主婦の家事労働など――をも計測できるものでなければ、話にならない。また、一地域での工業化が他の地域に生み出す「低開発化」の現象をも、同時に包み込む概念でなければならない。

このような新しい概念はまだ創られていないが、仮りにそれができたとして、それを基準として見れば、過去の歴史はどのように見え、世界の現状はどのように説明されるのか。その場合、イギリスは、産業革命の模範となる国、「世界の工場」の国であることをやめ、地代・金利生活者としてのジェントルマンの国であったことになるだろうし、そのようなものとしては、言われるほどの「衰退」を経験したわけでもないことになろう。イギリスをはじめとする西ヨーロッパの工業化の歴史は、国内にも国外にも、多くの環境破壊や資源エネルギー問題を引き起こしたうえ、他の地域の「低開発化」をもたらしたことがわかる。

その限りでは、今誇らしげに称揚されている「アジアの勃興」も、これと同じタイプの「発展」でしかない。とすれば、超長期的には、それが「世界の閉塞状況」を救うことにはなりそうもない。そのような文脈のなかでは、わが国の経済が「空洞化」する、つまり製造工業が衰退することは、さしあたってはともかく、同様に、本書が考えてきた視点からすれば、さして恐れるべきことでもない。われわれが希求すべきは、このような「経済発展」とは違う何かなのではないか。

むしろ、われわれが恐れるべきは、世界に輸出し、後世に残すべき「生活文化」上の資産を日本が欠いていることである。近年の「ジェントルマン資本主義」論と「世界システム」論が教えることは、まさにこうした事柄である。経済の空洞化を救う道として、科学・技術教育の推進を唱えるようなことは、やはり、超長期的にはあまり意味はない。独自の「生活文化」確立こそが、はるかに重要なのである。

歴史の評価は何よりも、民衆の幸福感や満足度に置かれるべきものとすれば、一六世紀のヴェネツィアや一七世紀のオランダのように、従来の歴史家が最盛期と考えてきた時代が、すでに「衰退」したと言われるそれぞれの次の世紀に比べて、断然好ましい時代であったという証拠はまったくない。今日のイギリス人が、大英帝国華やかなりし一九世紀のイギリス人よりひどく不幸になっているという証拠もない。歴史家も、時論家も、ともに好んで使う「繁栄」や「衰退」といった言葉は、バブルが崩壊し、日本経済の将来が見えにくくなっている今こそ、もう一度根本的に見なおす必要がある。

1　例外は、地中海におけるイギリス船であった。経済効率は悪いが、高速で、武装をしていたイギリス船は、バルバリ（北アフリカ）の海賊の出没する地中海域でだけは、オランダ船より保険料率が低かったことが知られている。

あとがき

戦後の日本で、イギリスほどその歴史的評価の激変した国は、ほかにない。その近代史は、「民主主義と近代化の理想のモデル」から「経済衰退の見本」へといっきょに転落した。むろん、紅茶の入れ方からシャーロック・ホームズに至るまでの、この国についての無邪気なエッセイの類は、今も枚挙に暇のない盛況である。しかし、少し踏み込んだ考察、いわば社会科学の対象としてのこの国は、「病める大国」の域をすら通り越してしまったのか、等閑視されている観がある。

しかし、日本人のイギリス観は、むろん、日本人自身の自己認識の投影でもある。激変したのは、イギリスの国際的地位より、むしろ日本のそれであった。実際、「奇跡の時代」を過ぎた昨今のわが国は、多くの点で、かつてのイギリスと似通った状況に置かれている。とすれば、今こそイギリスの経験に学ぶべきことが多いのではないか。このような思いから、近代イギリス史をとりまくいくつかの話題について、『グローバル・ビジネス』誌に気楽に連載したエッセイが、本書の骨格となった。

イギリスの繁栄とその陰りを、今日の日本人の立場で眺めてみようという本書には、ベースとしてひとつの見方が貫かれている。アメリカの社会学者I・ウォーラーステインが提唱した「世界システム」論の観点である。

近代の世界史は、国民経済と国家主権の歴史として、「国」を単位として見られてきた。しかし、近代の国家や国民は、それだけで独立して自由に行動ができたわけではない。近代世界は、事実上ひとつのシステムに組み上げられており、いかなる国もこのシステムの一部としてしか行動できない。イギリスの歴史もそうであったし、日本のゆくえもまた、しかりである。

歴史の大転換点にある今、このような観点からの考察が、思考回路の転換に多少とも役立つことを期待するものである。

ダイヤモンド社の斎藤秀正氏、嶋矢昌三氏の忍耐強い勧めがなければ、この本は陽の目を見なかった。記して感謝の意を表しておきたい。

一九九五年九月一〇日

川北　稔

講談社学術文庫版あとがき

もう四〇年くらいまえのことになるが、あるパーティーに同席した西洋人の日本研究者で中国通の人物から耳打ちされた。「日本はすっかり近代化したが、中国なんぞは永遠に近代化できない」、というのである。他方、本書のもとになったダイヤモンド社版が上梓されて一〇年あまりがすぎた頃、ネットにひとつの論評が出た。本書には、イギリスの歴史的特徴のようなことがいろいろ書いてあるが、半年ほど家族づれでロンドンに住んでみたが、「ロンドンなんて渋谷と同じだ」というのが、子供たちの感想だ、というのである。

私が歴史の研究をはじめた半世紀ほど以前には、日本自体がまだ「近代化」を達成していないと信じられており、西洋の近代化の画期となった市民革命が重要な研究課題とされていた。それはまた、大学で西洋史を講じている教授にさえ、ヨーロッパの土を踏んだことさえない人が結構いた時代でもあった。欧米からの輸入品を意味した「舶来」は高級品の意味であり、「メイド・イン・ジャパン」は、「安かろう、悪かろう」の意味だと教えられもした。

それからわずか半世紀後の今日、状況は一変した。歴史の動きは、われわれが想像するよりははるかに速い。学部生でさえ、卒論の材料集めに「ちょっとヨーロッパに」出かける時代となり、ヨーロッパは無条件のモデルではなくなった。「されどフランスは遠し」と萩原朔太郎を慨嘆させた、あこがれの「芸術の都」パリの若者たちが、キタノやオタクの文化にあこがれる時代になったのである。

かつての「メイド・イン・ジャパン」のイメージは、「メイド・イン・チャイナ」に取って代わられた。メイド・イン・チャイナがいまの「日本製」とあまり変わらない高い評価を得る日も、それほど遠くはないだろう。

しかし、「ロンドンは渋谷と同じ」という評言には、いささか気になる一面もある。私の恩師は、一年にも満たないくらいの在外研究であったと思われるが、それによって得たイギリスについての多くの「発見」を私たちに語られた。私自身、はじめてイギリスの土地を踏んだときには、恩師から聞いた印象とはまた違う、無数のカルチャー・ショックを受けた。それが私の歴史観をつくるもとにもなった。

他方、今日、毎年のように渡欧する若手の歴史家からは、カルチャー・ショックの経験を聞くことはあまりにも少ない。それがグローバリゼイションの結果としての彼我の文化的差異の縮小の反映であるかぎり、とくに問題はない。しかし、それが、日本人の文化的感受性の退化を意味しているのなら、望ましいことではないようにも思われる。いまどき、イギリスは工業経済の模範ではありえないし、フランスも文化の最先端とはいえないかもしれない。しかし、外国の文化や歴史から何を学ぶかは、われわれ自身の側の問題でもあるのだ。

そうした観点からも、本書が広く読まれることを期待する。

長岡京にて　川北稔

二〇一三年師走

本書の原本は、一九九五年にダイヤモンド社より刊行されました。

川北稔（かわきた　みのる）

1940年大阪市生まれ。京都大学文学部卒業。同大学大学院文学研究科博士課程中退。文学博士。現在，大阪大学名誉教授。佛教大学特任教授。主な著書に『工業化の歴史的前提』『洒落者たちのイギリス史』『民衆の大英帝国』『砂糖の世界史』『イギリス近代史講義』，訳書にI・ウォーラーステイン『近代世界システム』などがある。

講談社学術文庫

定価はカバーに表示してあります。

イギリス 繁栄《はんえい》のあとさき

川北《かわきた》 稔《みのる》

2014年3月10日　第1刷発行
2023年6月27日　第8刷発行

発行者　鈴木章一
発行所　株式会社講談社
東京都文京区音羽2-12-21 〒112-8001
電話　編集（03）5395-3512
販売（03）5395-4415
業務（03）5395-3615

装　幀　蟹江征治
印　刷　株式会社広済堂ネクスト
製　本　株式会社国宝社
本文データ制作　講談社デジタル製作

ISBN978-4-06-292224-1

「講談社学術文庫」の刊行に当たって

これは、学術をポケットに入れることをモットーとして生まれた文庫である。学術は少年の心を養い、成年の心を満たす。その学術がポケットにはいる形で、万人のものになることは、生涯教育をうたう現代の理想である。

こうした考え方は、学術を巨大な城のように見る世間の常識に反するかもしれない。また、一部の人たちからは、学術の権威をおとすものと非難されるかもしれない。しかし、それはいずれも学術の新しい在り方を解しないものといわざるをえない。

学術は、まず魔術への挑戦から始まった。やがて、いわゆる常識をつぎつぎに改めていった。学術の権威は、幾百年、幾千年にわたる、苦しい戦いの成果である。こうしてきずきあげられた城が、一見して近づきがたいものにうつるのは、そのためである。しかし、学術の権威を、その形の上だけで判断してはならない。その生成のあとをかえりみれば、その根は常に人々の生活の中にあった。学術が大きな力たりうるのはそのためであって、生活をはなれた学術は、どこにもない。

開かれた社会といわれる現代にとって、これはまったく自明である。生活と学術との間に、もし距離があるとすれば、何をおいてもこれを埋めねばならない。もしこの距離が形の上の迷信からきているとすれば、その迷信をうち破らねばならぬ。

学術文庫は、内外の迷信を打破し、学術のために新しい天地をひらく意図をもって生まれた。文庫という小さい形と、学術という壮大な城とが、完全に両立するためには、なおいくらかの時を必要とするであろう。しかし、学術をポケットにした社会が、人間の生活にとってより豊かな社会であることは、たしかである。そうした社会の実現のために、文庫の世界に新しいジャンルを加えることができれば幸いである。

一九七六年六月　　　　野間省一